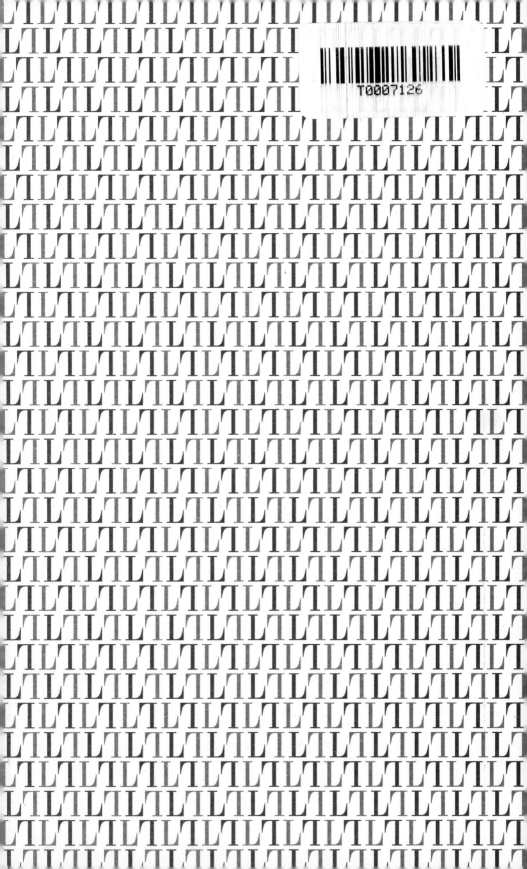

T0007126

POESÍA

202

LA TIERRA BALDÍA
PRUFROCK Y OTRAS OBSERVACIONES

T. S. Eliot

Edición y traducción de
Andreu Jaume

LUMEN

Papel certificado por el Forest Stewardship Council®

Título original: *The Waste Land*; *Prufrock and Other Observations*

Primera edición: febrero de 2022

© 1969, Valerie Eliot
Publicado por acuerdo con Faber and Faber Limited
© 2022, Penguin Random House Grupo Editorial, S.A.U.
Travessera de Gràcia, 47-49. 08021 Barcelona
© 2015, Andreu Jaume, por la edición y la traducción

Printed in Spain – Impreso en España

ISBN: 978-84-264-1808-1
Depósito legal: B-19.659-2021

Compuesto en M. I. Maquetación, S. L.
Impreso en Unigraf, S. L. (Móstoles, Madrid)

H418081

VOLVER AL POEMA

Sorrow was all my soul

George Herbert

No hay, en el siglo XX, una obra que concentre con tanta intensidad todas las ideas preconcebidas acerca de lo que se entiende por poesía moderna como *La tierra baldía*, un poema que ha llegado a encarnar no solo una imagen devastada de su tiempo, sino también una teoría de la tradición exhausta, a la vez que ha propuesto un paradigma de complejidad, oracular e intimidante, que ha generado una especie de ansiedad interpretativa por donde han transitado todas las escuelas críticas, desde el formalismo y el estructuralismo hasta el psicoanálisis y el feminismo. Mucho más que cualquier otra obra de Eliot, *La tierra baldía* se ha convertido en sus exégetas, desatando así, pero con un efecto imprevisto por su autor, la naturaleza proteica que anida en sus versos. Examinada a estas alturas, cuando se cumplen cien años de la publicación del poema, la cuestión resulta muy reveladora y es, hasta cierto punto, consecuencia de lo que el propio T. S. Eliot propuso en su obra: hay un malentendido en su recepción cuyo análisis tal vez pueda devolvernos al punto de partida y permitirnos cierta distancia, cierta virginidad con que gustar otra vez del poema y a la vez comprender mejor su verdadero alcance dentro del pasado en el que opera y disiente.

Para empezar, hay que volver a ubicarlo dentro de la obra de Eliot, cuyo ciclo tiene una coherencia y dibuja un crecimiento expansivo, como las ondas en el agua, que no siempre se ha aceptado. *La tierra baldía* constituye, antes que nada, la condensada problematización de toda la poesía juvenil de Eliot, por eso siempre conviene leer el poema acompañado de *Prufrock* (1917), el primer libro que publicó y que le sirve de cantera y contrapunto. En ese sentido, hay en los primeros versos de «La canción de amor de J. Alfred Prufrock» un ritmo, un habla y una violencia de la tradicional descripción poética que no solo son inaugurales sino que contienen, *in nuce*, toda la poesía de Eliot hasta los *Cuatro cuartetos* (1943).

Cuando Eliot publicó *La tierra baldía*, en 1922, era ya un crítico y un poeta con un considerable prestigio entre las descollantes figuras vanguardistas del Londres de la primera guerra mundial. Antes, en 1910, se había graduado en letras por Harvard y había emprendido luego el sólito viaje europeo de los estudiantes pertenecientes a la vieja aristocracia espiritual de Nueva Inglaterra. En París profundizó en su gusto por los simbolistas franceses, sobre todo por Jules Laforgue y Tristan Corbière, a quienes había descubierto gracias a *El movimiento simbolista en la literatura* (1899) de Arthur Symons, un libro fundamental para su generación. En Laforgue, sobre todo, más que en Baudelaire, empezó a detectar una dicción –inducida por un manejo virtuoso del *vers libre*–, una imaginería y un sentido del humor que se apresuró a imitar como alivio a su incomodidad en la literatura anglosajona contemporánea, una incomodidad que le distanciaba tanto del curso de la poesía estadounidense, con su prolongación trascendentalista del romanticismo wordsworthiano, como del esteticismo y el ruralismo finisecular que se habían cultivado en Inglaterra.

Tras ampliar sus estudios de filosofía en Oxford, donde se centró en Aristóteles, el estallido de la guerra le obligó a interrumpir un curso de alemán y griego en Marburgo y regresar a Londres. Al año siguiente, decidió romper con su familia, renunciar a su carrera académica, casarse con Vivien Haigh-Wood e intentar vivir de la literatura, animado sobre todo por el entusiasmo de Ezra Pound, que capitaneaba por entonces la vanguardia poética inglesa. Fue Pound quien envió «Prufrock» a Harriet Monroe, directora de la revista *Poetry*, donde se publicó el poema en 1915, así como el que tuteló esa primera etapa de la obra de Eliot, una influencia que culminaría en la lectura y edición del manuscrito de *La tierra baldía*.[1]

A pesar de que no logró vivir de la poesía y tuvo que aceptar un puesto en un banco –el Lloyd's–, antes de ser llamado, ya en 1924, por Geoffrey Faber para trabajar como editor en lo que acabaría siendo uno de los sellos más influyentes y encopetados del mundo anglosajón, Eliot, una vez desembarazado de las servidumbres académicas, empezó a desplegar una frenética labor como crítico en diversas revistas del momento, hasta fundar

1. Para los detalles de esta y otras cuestiones, véanse las notas a esta edición, p. 125 de este volumen.

The Criterion con su esposa Vivien.[2] Esa actividad, atestiguada por su voluminosa correspondencia de la época, supuso la puesta en marcha de una estrategia política para derribar los enquistados supuestos estéticos vigentes e importar maneras y pensamiento procedentes de Europa. Es emocionante –y excitante, visto desde nuestra presente abulia– ver cómo Eliot, en sus cartas, reseñas y ensayos, va construyendo una nueva lectura de la tradición en que se ha formado, con una persistencia que nunca cede ni se desborda, persuadido de que la mejor manera de imponerse era mediante una sobria contundencia, un principio que nunca abandonó, con esa determinación y esa mirada que eran, según recordaba Ted Hughes, como la proa del *Queen Mary* navegando lentamente hacia uno. En una carta de abril de 1919, cuando apenas había publicado algunos ensayos y un primer poemario, Eliot tiene ya decidido su modo de intervención pública:

Hay solo dos maneras en las que un escritor puede volverse importante: escribir mucho y publicar en todas partes o escribir muy poco. Es una cuestión de temperamento. Yo escribo muy poco y no me haría más poderoso por incrementar mi producción. Mi reputación en Londres se basa en un pequeño volumen de poesía y se mantiene dando a la imprenta dos o tres poemas más al año. Lo único que importa es que sean perfectos en su especie, de tal manera que cada uno sea un acontecimiento.[3]

El propio Pound, cuando leyó las primeras piezas de Eliot, escritas todavía en sus años de aprendizaje universitario, se asombró de la perseverancia y la coherencia que demostraban, como todavía puede comprobarse volviendo a sus poemas juveniles, los previos a *Prufrock*, o atendiendo a la manera en que guardó y aprovechó algunas de las tiradas eliminadas por Pound en el manuscrito de *La tierra baldía* y que desmienten cualquier idea de improvisación o de azar, a la vez que lo hacen incompatible con cualquier generalización relativa a movimientos promocionales y efímeros.[4]

2. T. S. Eliot trabajó en Faber desde 1924 hasta su muerte en 1965. En la editorial, fue uno de los *directors* que conformaban el consejo editorial y se ocupó sobre todo de la lista de poesía, la más brillante e influyente de su tiempo.
3. Carta a J. H. Woods, 21 de abril de 1919, en *The Letters of T. S. Eliot. Volume I: 1898-1922. Revised Edition*, Valerie Eliot y Hugh Haughton, eds., Faber & Faber, Londres, 2009, p. 338.
4. Los poemas juveniles de Eliot están recogidos en el volumen *Inventions of the March Hare* (*Invenciones de la liebre de marzo*; Faber & Faber, Londres, 1996).

Eliot se propuso muy pronto ser él mismo el crítico perfecto, como lo había sido Coleridge para la escuela romántica. En su personal concepción del oficio de poeta no hay diferencias entre el creador y el crítico, pues la interpretación es uno de los principales veneros de los que se nutre la poesía y a su vez la crítica halla su modo más pleno de realización en la composición poética. Para empezar, se atrevió a impugnar el gusto y el apoltronamiento, a uno y otro lado del Atlántico, de la comunidad anglosajona. En un artículo de 1921 afirmaba, por ejemplo, lo siguiente:

Uno debe asumir el hecho de que los imbéciles a cada lado del agua están muy contentos y saben apreciar, por esa suerte de hostil compasión que existe solo entre miembros de la misma familia, las imbecilidades de la gran fraternidad al otro lado y que esa percepción solo les confirma en su propia variedad de estupidez. [...] Una literatura sin sentido crítico, una poesía que no tiene ni la más mínima idea del desarrollo del verso francés desde Baudelaire hasta el presente y que ha peritado la literatura inglesa solo con una pasión de anticuario excursionista, un gusto para el que todo es demasiado caliente o demasiado frío, no puede conformar una cultura.[5]

Su recusación, como en parte la de Pound, iba dirigida sobre todo a la poesía victoriana y georgiana y en general a cierta hegemonía del romanticismo. Como ya hemos apuntado, hay en Eliot, muy pronto, una incomodidad con su lengua que se tradujo en la adopción del francés como instrumento mental de composición. Buena parte de su poesía juvenil es, de hecho, una traducción, una adaptación de modelos franceses, sobre todo de Laforgue, cuya voz es muy perceptible en los «Preludios» o en «Rapsodia de una noche de viento», por no hablar de los muchos poemas que escribió directamente en francés y que luego aprovechó, volcados al inglés, en *La tierra baldía*. En toda la obra de Eliot, tanto crítica como poética, hay una demanda constante, solo satisfecha muy al final, de una métrica nueva que fuera capaz de emanciparse de la tiranía del verso blanco, del pentámetro yámbico generalizado en el XVI, perfeccionado luego por Shakespeare y naturalizado por Milton y los románticos. Eliot es uno de los pocos poetas que supo ver las relaciones entre métrica

5. El artículo se titula «London Letter» y fue publicado en la revista *Dial* en abril de 1921.

y pensamiento y denunciar la sumisión que suponía reiterar hasta el hartazgo un esquema prosódico que en realidad no permitía pensar sino solo cantar una sola idea cada vez más esclerotizada. Como admitía W. H. Auden, el más hábil de sus sucesores, no hubo nadie con un conocimiento tan hondo y matizado de la historia de la prosodia inglesa, evidente en las citas que espiga de dramaturgos isabelinos menores y que suelen ser, de lejos, lo mejor que escribieron.

El descubrimiento y la imitación de los simbolistas franceses fue una manera de depurar la dicción y secar el idioma y de empezar a encontrar una alternativa al romanticismo. La relación de Eliot con los románticos es compleja y tiene que ver, básicamente, con una diferencia de temperamento que esconde una carencia espiritual, además de la clásica pulsión parricida de todo joven escritor en ciernes. En ese aspecto, Eliot está muy influido por el romanismo católico de Charles Maurras y por el nuevo humanismo de Irving Babbitt, que rechazaban el relativismo y el antropocentrismo puestos en circulación por Rousseau y luego por el movimiento romántico alemán. Esa aprensión, adquirida durante sus años universitarios, vino a coincidir con las tesis de T. E. Hulme, los imagistas y los vorticistas, el brote pasajero de vanguardia que conocieron tanto la pintura como la poesía inglesas en los años anteriores a la guerra. La ruptura que llevaron a cabo Roger Fry o Wyndham Lewis con el decoro y las leyes de la Royal Academy, así como la tardía importación de la pintura impresionista y vanguardista francesa, se parece mucho a lo que trataban de hacer Pound y sus amigos con esa poesía bucólica que se sabían de memoria todos los soldados que morían en las trincheras, poetas adolescentes muchos de ellos, cantores de esa ya imposible *merry England* por la que sin embargo eran ejecutados. El camino de Lewis hacia la abstracción –muy pronto rectificado, como siempre en Inglaterra–, amparado por las teorías de Hulme en contra del dominio estético y filosófico del Renacimiento y la Ilustración y a favor de la geometría y la objetividad, con las que apelaba a la formulación de una nueva plenitud espiritual en el seno de la ciudad, coincide brevemente con el trayecto de Eliot, que elogió la pintura cubista, escuchó educadamente las proclamas eufóricas y un tanto pesadas de Marinetti y siguió impasible con su proyecto.

En un plano más hondo, la impugnación de la concepción romántica del poema supone, para Eliot, la constatación de lo que él llamó una disociación de la sensibilidad religiosa, que en el fondo no es sino una desconfianza hacia el proceso de apropiación, por parte de la conciencia humana, de la naturaleza, convertida de pronto, para decirlo con Baudelaire, en un conjunto de hortalizas sacralizadas.[6] Y en esa desvinculación y pérdida de lo divino –que no otra cosa es la naturaleza– se produce también una entronización del sujeto, cuya experiencia –imaginada o imaginaria, da igual– deviene en poesía el único espacio de exploración, hasta el extremo de eliminar cualquier distancia con el mundo. El romanticismo infecta el arte con una ilusión biográfica que todo lo deforma. En pintura la figura humana desaparece porque se transforma en paisaje, lo mismo que en la música irrumpe un trasunto de primera persona con el que se interrumpe el canto. Eliot no puede escapar de la fractura romántica, pero hace del intento de superación –de la aventura de la restauración de la sensibilidad– el fuego de su búsqueda.

Siguiendo el impulso tomado con Laforgue y los simbolistas, Eliot se dispuso a encontrar en la tradición inglesa y europea modelos que secundaran su propia idea de la poesía. Como crítico, utilizó su autoridad para dar curso legal a aquello que estaba haciendo. La primera etapa de su obra, desde *Prufrock* hasta *La tierra baldía*, se fraguó al calor de las investigaciones que acabarían conformando *El bosque sagrado* (1920), su primer libro de ensayos, donde configuró su método hermenéutico, dictó sus primeras condenas y estableció su personal canon, en el que Shakespeare quedaba desplazado por Dante. Hay en ese libro –y en general en toda la ensayística de Eliot– una operación por crear, más que por recuperar, una tradición de onda larga a la que de algún modo él mismo quiere servir como conclusión. Es lo que viene a decir en un párrafo, a menudo traído, de «Tradición y talento individual»:

La tradición reviste una significación mucho más amplia. No puede heredarse: si se desea, exige gran esfuerzo. Exige ante todo sentido histórico, algo que podemos considerar casi indispensable para cualquiera que desee seguir siendo poeta después de los veinticinco años; y el sentido histórico implica que se percibe el pasado, no solo como algo pasado, sino como presente; y el sentido histórico

---

6. La expresión «disociación de la sensibilidad» la acuñó Eliot por primera vez en el ensayo «Los poetas metafísicos», incluido en *El bosque sagrado* (1920). Para mayor información, hay una edición en español de la obra crítica del poeta: T. S. Eliot, *La aventura sin fin*, Andreu Jaume, ed., trad. de Juan Antonio Montiel, Lumen, Barcelona, 2011.

obliga a un hombre a escribir no solo integrando a su propia generación en los propios huesos, sino con el sentimiento de que toda la literatura de Europa, desde Homero y dentro de ella, el conjunto de la literatura de su propio país, posee una existencia simultánea y constituye un orden simultáneo.[7]

En esta reflexión, indispensable para entender ciertos aspectos de *La tierra baldía*, está implícito el rechazo de la herencia romántica, cuyo testamento se rompe para inventar otros testadores, entre los que va a designar a los metafísicos. En los poetas de la llamada escuela de John Donne –en Andrew Marvell y en George Herbert, sobre todo– va a encontrar una tensión entre pensamiento y sentimiento, una compostura, un control de las emociones y una impersonalidad personal muy afines a su temperamento. En el mismo ensayo que citábamos antes, encontramos una de sus afirmaciones más distorsionadas, porque suele darse incompleta:

La poesía no consiste en dar rienda suelta a las emociones sino en huir de la emoción; no es una expresión de la personalidad sino una huida de la personalidad. Pero naturalmente solo quienes poseen personalidad y emociones saben lo que significa huir de ellas.[8]

Lo importante no es solo huir del subjetivismo a veces exaltado de los románticos o de la confusión entre personaje y autor, sino sobre todo afirmar la dignificación de las emociones humanas, a las que hay que prestar atención más allá de los límites de las impresiones del poeta, atreviéndose a crear otras voces. El estudio de los metafísicos es paralelo a la lectura de los dramaturgos isabelinos menores, de John Webster o de Thomas Middleton y sobre todo de Christopher Marlowe, por cuya inteligencia y evidente erudición mostró siempre Eliot mucha más simpatía que por el genio de Shakespeare, con quien siempre parece estar incómodo –como si no tuvieran nada que decirse– y con quien solo al final se reconcilia. El problema, de nuevo, tiene que ver con la apropiación que los románticos hicieron de Shakespeare como precursor de esa disociación de la sensibilidad de la que hablábamos antes. Por otra parte, Eliot sintió que el virtuosismo shakesperiano –que le molestaba y le fascinaba por igual, como se ve en *La tierra baldía*– le resultaba estéril porque no

---

7. T. S. Eliot, *El bosque sagrado*, Langre, San Lorenzo de El Escorial, 2004, p. 221.
8. *Ibidem*, p. 239.

entendía cómo estaba hecho ni de dónde procedía, a diferencia del talento de Marlowe, cuya evolución podía reconstruir y cuyos errores sabía incluso detectar y enmendar. Era consciente además de que la imitación de Shakespeare solo conducía a la parodia, mientras que en otros dramaturgos mediocres podía hallar momentáneos arranques de ingenio con los que alimentar su poesía y su propia entonación de una prosodia independiente del pentámetro yámbico.

Por todo ello fue también por lo que eligió a Dante como centro de su canon, de hecho como primer estadio de una poesía que en su mapa tiene continuidad en la escuela de Donne, luego en los simbolistas y a la que quería coronar con su propia obra. En la *Divina comedia*, que leyó obsesivamente durante toda su vida, encontró un modelo de lengua con que objetivar su estilo, depurar conceptos y perfeccionar la combinación –tan rara y tan difícil– entre precisión descriptiva y conceptualización sublimada. La consumada maestría de Eliot en todos los registros, desde el demótico y humorístico, hasta el especulativo y filosófico, fuertemente unidos todos por una enorme conciencia de la tormenta humana, es una habilidad aprendida en el taller de la metáfora dantesca, en la atención a su milagrosa sensatez, también a su desnudo vuelo.

Otro de los rasgos que cohesionan la poesía de Eliot es su clara vocación dramática. Su huida de la personalidad romántica le sirve para reivindicar la antigua potestad del poeta como custodio de las metamorfosis –para decirlo en palabras de Elias Canetti–, de demiurgo y reflector de distintas personas en las que se diluye diseminado el sujeto. De ahí también su interés por Dante, por los isabelinos y en general por una ambición literaria previa a la limitación de la voz romántica, convertida desde entonces en un espacio cada vez más ensimismado, acorde, por otra parte, con el proceso de abstracción que ha conocido la representación artística. Para rebelarse contra ello, Eliot parece reclamar para la poesía el derecho de personaje que poco a poco se fue exiliando en la novela, género donde la poesía meditativa y dramática acaba encontrando su nueva expresión. Es algo que también intentó Pound, quien en una carta al padre de Eliot, escrita en 1915 y destinada a justificar las insensateces de su hijo, decía:

Browning había situado sus poemas sobre todo en la Italia del Renacimiento, yo sitúo los míos en la Provenza medieval, que supuso un cambio sin esenciales diferencias. T. S. Eliot ha ido mucho más lejos, empezando con la tarea bastante más compleja de situar a sus *personae* en la vida moderna y en los disuasorios entornos modernos, tan poco poéticos.[9]

Dejando de lado que estas explicaciones debieron de hundir todavía más al pobre hombre –que murió convencido de que su benjamín era un crápula–, el apunte es bastante esclarecedor, pues indica que la poesía de Eliot se inserta en esa variante del monólogo dramático que Robert Browning opuso a la identidad romántica. Es verdad que a Eliot no le interesaba la poesía de Browning, probablemente porque condenaba, desde su postura aristocrática, su democratización del gusto, así como lo que debía de juzgar una incipiente aparición de la sensibilidad de clase media, pero hay algo en lo que coinciden y que les hermana contra Wordsworth, por mucho que ambos sigan trabajando en un ámbito fatídicamente moderno y por tanto romántico.

La atención de Eliot a lo dramático terminará en su dedicación, a partir de 1935, al teatro como una última manifestación de su poesía.[10] Pero antes habrá pasado por una *quest*, formal y espiritual, muy intensa en que esa relación se irá mudando y complicando, desde los personajes algo jamesianos que hablan en *Prufrock* hasta la polifonía alucinada de *La tierra baldía*. Como decía al principio, los dos libros están vinculados como antecedente y estallido. En «La canción de amor de J. Alfred Prufrock», Eliot ensaya su primera gran impersonación, el monólogo de un hombre que frisa los cuarenta, tímido y retraído, fascinado por las mujeres, a las que observa y teme desde lejos, un segundón que afirma no ser Hamlet –ya nadie puede serlo– sino solo una especie de Polonio, alguien destinado a «hacer avanzar la trama», un descartado, casi un bufón ridículo, que en un momento parece identificarse con Falstaff («Estoy viejo, estoy viejo»), una voz que, como ocurrirá luego desgarradamente en *La tierra baldía*, discurre entre muertos y vivos, adelanta el problema de lo espiritual y la inoperancia del mito, con esas sirenas que se cantan entre sí y no parecen

---

9. *The Letters of T. S. Eliot. Volume I: 1898-1922. Revised edition*, Valerie Eliot y Hugh Haughton, eds., Faber & Faber, Londres, 2009, p. 109. Henry Ware Eliot (1843-1919), el padre del poeta, fue un empresario, presidente de la Hydraulic-Press Brick Company. T. S. Eliot era el menor de sus siete hijos.

10. La obra teatral de Eliot se compone de las siguientes piezas: *Asesinato en la catedral* (1935), *La reunión familiar* (1939), *El cóctel* (1949), *El secretario particular* (1953) y *El viejo estadista* (1958).

ya poder cantar para él –para el hombre–, trasunto de esa disociación de la sensibilidad, de la imposibilidad de comunión y canto. J. Alfred Prufrock es también alguien que comprueba cómo se le ha escapado la vida, cómo duele la experiencia perdida, sensación que condensa cuando asegura: «Tendría que haber sido un par de pinzas dentadas / escabulléndome en los fondos de mares silenciosos», donde el paso del cangrejo logra concretar ese deseo de volver atrás y redimir el tiempo y a la vez de esconderse del mundo, de rehuirlo y seguir condenándose.

El sentido del humor es otra de las constantes –pocas veces admitida– en la poesía de Eliot que «Prufrock» inaugura. No hay ningún poeta cuyo trato con el dolor emocione tanto precisamente por su contención, por esa impresión que dan siempre sus personajes de estar a punto de llorar y reírse a un tiempo, sin ceder nunca ni a uno ni a otro estado y remontando siempre un momento de desolación con una defensa cómica. Por eso es tan importante el equilibrio del tono y la modulación de la métrica, que en este poema se desenvuelve ya con una libertad y una cadencia que serán constantes en toda su obra, con ese vaivén entre lo lírico, lo meditativo y lo descriptivo que culminarán en las bóvedas de los *Cuatro cuartetos*. Decía Ted Hughes que una de las cosas que más admiraba en Eliot era que siempre triunfaba *in the long races*, en la carrera larga, y es que el arte de Eliot, ya desde «Prufrock», tiende siempre al poema extenso, como vindicación del antiguo alcance del género, con sus infinitas posibilidades expresivas y de representación.

«Prufrock» revela también que el escenario de Eliot es ya la ciudad, un nuevo *locus* que descubrió en los simbolistas porque ya lo llevaba dentro y en el que se instala sin ninguna extrañeza, sin asomo de nostalgia, como verdadero primer poeta del novecientos. Baudelaire es quien culmina el proceso romántico de adecuación a lo urbano, pero en *Las flores del mal* hay todavía una fascinación del *flâneur*, del nuevo explorador, que en Eliot, sobre todo a partir de *La tierra baldía*, se ha sustituido por una aclimatación, por la definición de un nuevo hábitat en el que la naturaleza ya es solo «basura pétrea», sin nada alrededor. Eso es así hasta tal punto que para muchos lectores que llegamos a Baudelaire a través de Eliot, el esperado golpe de la lectura de aquel quedó atenuado, al menos en este aspecto, porque la experiencia de la ciudad ya la habíamos vivido en este último, del mismo modo que toda la gran poesía urbana del siglo XX –ya sea la de Philip Larkin o John Ashbery– tiene una raíz inevitablemente eliotiana.

La literatura contemporánea ha asumido tantas cosas de *La tierra baldía* que su efecto parece haberse diluido y difuminado, de hecho esa impresión intenta confundirse a veces con el envejecimiento, como si el poema hubiera perdido fuelle, cuando somos nosotros los que ya no tenemos oído. En realidad, se trata de una ilusión inducida por la mitificación de la obra, silenciada por su prestigio vanguardista y mistérico, así como por cierta rutina interpretativa. Hay que recordar, antes que nada, el impacto sin parangón que causó el poema, como se encarga de recordarnos Anthony Blanche, aquel maravilloso personaje de Evelyn Waugh en *Retorno a Brideshead* (1945) que declama con un altavoz el pasaje de Tiresias una mañana en Oxford, a finales de los años veinte. O las palabras que le escribió John Peale Bishop a Edmund Wilson tras leer la obra recién impresa en *The Criterion*: «He leído *La tierra baldía* unas cinco veces al día desde que me llegó un ejemplar de la revista. Es INMENSO. MAGNÍFICO. TERRIBLE».[11] La fuerza del poema también quedó corroborada por la indiferencia y la perplejidad de la mayoría de los críticos convencionales. De hecho, ya hemos olvidado que Eliot tardó mucho en aceptarse y entenderse en la poesía inglesa, con su irresistible tendencia a la jardinería.

Por otro lado, la distorsión de la lectura de la obra es culpa del propio Eliot, que añadió unas notas a la edición americana para satisfacer las demandas del editor (el volumen no abultaba al parecer lo suficiente) y que desde entonces han guiado su interpretación en busca de ocultos hipotextos que puedan iluminar el significado último. El propio Eliot se arrepintió de haber cedido y, aunque admitió que las notas ya eran indisociables de la obra porque el público se había acostumbrado a ellas, vino a decir que en realidad había dado pistas falsas:

Mis notas estimularon una equivocada forma de interés entre los buscadores de fuentes. Era sin duda justo que rindiera homenaje al trabajo de miss Jessie Weston; pero me arrepiento de haber mandado a tantos investigadores a una especie de caza del ganso salvaje en busca de cartas del tarot y el santo Grial.[12]

11. Carta inédita del 3 de noviembre de 1922 de John Peale Bishop a Edmund Wilson, citada por Lawrence Rainey en *The Annotated Waste Land with Eliot's Contemporary Prose*, Lawrence Rainey, ed., Yale University Press, Yale, 2005.
12. T. S. Eliot, «The frontiers of criticism» («Las fronteras de la crítica»), en *On Poetry and Poets* (*Sobre poesía y poetas*; Faber & Faber, Londres, 1957).

La cuestión es más compleja de lo que puede parecer a simple vista. No es solo que las fuentes de Weston y Frazer únicamente puedan considerarse como lecturas generativas y en ningún caso explicativas, sino también que las citas y referencias que sustentan las ruinas de *La tierra baldía* no orbitan en torno al texto como si formaran parte de un sistema ordenado y hermético cuya teoría, una vez desencriptada, pueda iluminar el conjunto, a la manera de lo que puede hacerse aún con Dante o Góngora. En ese sentido, las notas al poema –y su uso crítico– son sintomáticas porque equivocan lo que esconden, básicamente que ya no hay una unidad superior –ni en el orden teológico ni en el filosófico ni el estético– a la que poder adscribirse y con la que extraer el relato sumergido del poema, que es lo que hizo, por ejemplo, Joan Ferraté en su versión catalana, por lo demás modélica, siguiendo las huellas de las notas y tratando de domesticar el texto, como si fuera de Ausiàs March, en un sentido unívoco que el poema, por su propia condición, una y otra vez desbarata.

No hay ningún significado definitivo en el hecho de que Eliot esté pensando en Andrew Marvell cuando escribe un verso como «Pero a mi espalda en un golpe frío oigo», más allá del trabajo de la memoria, del recuerdo de sus indagaciones críticas, del clima de su mente a la hora de abordar las cuestiones que le obsesionan.[13] Otra cosa es que Eliot sí esté buscando una unidad que, en esa fase de su obra, todavía no ha encontrado y que empezará a partir de 1927 con su bautizo en la Iglesia anglicana, continuará en el híbrido entre dos épocas que es *Miércoles de ceniza* (1930) y hallará su plenitud en los *Cuatro cuartetos*, donde las referencias y los ecos ya están, y no por casualidad, integrados en una especie de esfera.

Una vez descargados de la disciplina erudita, pero asumiendo que ya no podemos publicar el poema sin las notas (y que incluso nos vemos obligados a anotarlas porque la mayoría de los sobreentendidos han desaparecido), podemos tratar de volver a disfrutar de la obra como lo que es, un poema.

Se ha dicho muchas veces que *La tierra baldía* es sobre todo un responso por una civilización destruida durante la guerra, a la vez que la proyec-

13. Véanse el verso 185 de *La tierra baldía* y las notas correspondientes.

ción de la tristeza y la desolación del turbulento matrimonio del autor con Vivien Haigh-Wood, de quien se separaría en 1933 y que murió en 1947 confinada en un asilo.[14] Sería ridículo negar que algo de todo eso hay, pero lo importante es ver cómo Eliot trasciende siempre cualquier anécdota, sumergiéndola en el agua del verso hasta que el lector solo es capaz de detectar alguna vaga referencia íntima que no iba dirigida a él y que de pronto estremece. El propio Eliot comentaba años más tarde:

Varios críticos me han hecho el honor de interpretar el poema en términos de una crítica al mundo contemporáneo, de hecho lo han considerado como una importante muestra de crítica social. Para mí supuso solo el alivio de una personal y totalmente insignificante queja contra la vida; no es más que un trozo de rítmico lamento.[15]

Si dejamos de lado la incomodidad y la displicencia del poeta mayor que vuelve la vista a una obra de juventud, tan manoseada y exprimida además, hay algo importante en la observación y es esa «queja contra la vida». Eliot sabía muy bien que todo poeta moderno tiene la obligación, por lo menos desde el romanticismo —y si no queremos remontarnos a la tragedia griega—, de encarar el problema del acabamiento de la poesía. El interés seminal por las especulaciones de Frazer y luego de Weston indica a qué punto Eliot estaba interesado en la relación entre poesía, rito y mito, es decir, en volver a los orígenes de la lírica como canto y celebración de la naturaleza, del regreso de la vegetación y en general de la fertilidad y la continuidad del ciclo de la vida.[16] Ya hemos visto cómo Eliot

14. Vivien Haigh-Wood (1888-1947) nació en Lancashire y conoció a Eliot en Oxford, en la primavera de 1915. En junio de aquel año contrajeron matrimonio y estuvieron juntos hasta 1933, cuando Eliot decidió separarse durante su primer viaje de regreso a Harvard, donde impartió las conferencias Norton. Vivien nunca se repuso de la separación y en 1938 ingresó en un psiquiátrico, donde murió en 1947. Eliot le dedicó la primera edición de *Miércoles de ceniza* (1930).

15. Palabras citadas por el profesor Theodor Spencer en una conferencia en la Universidad de Harvard y registradas luego por Henry Ware Eliot, Jr., un hermano del poeta. La cita aparece como epígrafe en la edición facsímil del manuscrito de *La tierra baldía*: T. S. Eliot, *The Waste Land. A Facsimile & Transcript of the Original Drafts Including the Annotations of Ezra Pound* (*La tierra baldía. Facsímil y transcripción de los esbozos originales incluyendo las anotaciones de Ezra Pound*), Valerie Eliot, ed., Faber & Faber, Londres, 1971.

16. Para mayor información al respecto, véase la nota al título de *La tierra baldía* en la p. 125 de esta edición.

es, en sentido estricto, el primer poeta del siglo XX al aceptar la ciudad como único hogar del hombre, sin fascinación, resignado a esa «basura pétrea» donde no germinan las semillas y se plantan cadáveres. Desde su primer verso, *La tierra baldía* se atreve a bucear en las raíces de la canción humana para cantar el agotamiento, la sequía de los pozos, la sordidez sexual y la esterilidad. El poeta ya no puede seguir el curso de las estaciones, confundidas y paralizadas, no puede saludar el comienzo de la primavera porque despierta el recuerdo de lo que ya no fluye, de lo que ya no sirve:

> *Abril es el más cruel de los meses, pues engendra*
> *lilas en el campo muerto, confunde*
> *memoria y deseo, revive*
> *yertas raíces con lluvia de primavera.*
> *El invierno nos dio calor, cubriendo*
> *la tierra con nieve sin memoria, alimentando*
> *un hilo de vida con tubérculos secos.*

Hay además en este preludio una violencia de la habitual prosodia inglesa, imposible de reproducir en traducción, que también apela (ese *april* fuera de lugar con acento tónico en la primera sílaba) a ese desquicio, a un extrañamiento de la voz con respecto a la naturaleza, ya desahuciada, que no dejará de repetirse a lo largo de todo el poema. Como siempre en Eliot –aquí muy bien aconsejado por Pound–, el virtuosismo técnico y compositivo es imbatible. Lejos de lo que puede parecer una versificación libre o anárquica, sabe crear una métrica de nuevo cuño, muy difícil de controlar pero sobre la que no pierde nunca el dominio, haciendo de cada verso una unidad prosódica, desenvolviendo un fraseo siempre memorable, superponiendo sin aparente esfuerzo diversas voces y planos temporales, combinando el verso largo y conversacional con el *staccato* lírico, callando siempre a tiempo –esas pausas como vértigos–, defraudando una rima que el oído aguarda y oponiendo a esa «queja contra la vida», a ese paseo por la ciudad sucia y colapsada de muertos, el eco de canciones perdidas, de retazos de armonía que van apuntalando la imposibilidad de elevación, de trascendencia en último término.

Enseguida nos damos cuenta de que el asunto central de *La tierra baldía* es el de la experiencia trágica del deseo como forma de incomunicación entre hombres y mujeres. A lo largo de todo el poema se van solapando conversaciones y puntos de vista entre uno y otro sexo, entre distintos personajes que exploran una atracción vivida como condena, como verdadera «queja contra la naturaleza». La imagen de la mujer pasa sin apenas transición de un estado sacro y aural, idealizado, a una sórdida vejación provocada por la realización del deseo, como si la figura femenina exaltada por los *stilnovistas* se viera de pronto manchada por el fango de la experiencia, por la humillación imperdonable de la excesiva intimidad, por decirlo con un verso exacto de Gil de Biedma. Y en este aspecto es donde volvemos a oír reminiscencias de *Prufrock*. Muchos de los extremos de *La tierra baldía* están anticipados en ese primer libro, donde el personaje retraído que habla en «Prufrock» o escucha en «Retrato de una dama» y las mujeres que aparecen en «Histeria», «La prima Nancy» o sobre todo en «La figlia che piange», esa sobrecogedora écfrasis imposible de un deseo vivido y agotado en un estadio puramente mental, parecen toparse para deponer la reticencia jamesiana, cambiar la elegancia de Boston por la ruina de Londres y ceder a los impulsos para sorprenderse de pronto con el peso muerto de sus cuerpos.

Hay un tópico visual en la temprana poesía de Eliot en que se ve a una mujer peinándose, casi siempre como instante de pausa y goce contemplativo, de adoración y también de erotismo incipiente –el cabello suelto es un motivo tradicional al respecto– que en *La tierra baldía* alcanza su punto álgido al principio de «Una partida de ajedrez», la sección segunda. La escena es en muchos aspectos reveladora del hacer de Eliot. La primera y larga estrofa, deliberadamente pomposa, es una parodia de la suntuosidad que a veces –y solo a veces– elige Shakespeare en sus parlamentos y que toda traducción, en la medida de lo posible, debe preservar. Aquí se trata de una descripción de Cleopatra navegando por un río camino de su primer encuentro con Marco Antonio. La parodia no es solo estilística –como demostración de la imposibilidad de imitar a Shakespeare–, sino también conceptual. Cleopatra es un personaje sexual por antonomasia que va al encuentro del amado, un erotismo acentuado por el agua del río, símbolo clásico de deseo y sensualidad. En su poema, Eliot hace del agua, en cambio, un motivo reiterado de muerte, de esterilidad. No hay agua sino solo roca en el paisaje, sequía y trueno sin lluvia. Y la sola agua que fluye es la del río metropolitano lleno de basura, un agua impotable y tóxica que recuerda esa naturaleza desahuciada. Tras la descripción de la mujer en el tocador, enaltecida, perfumada, rodeada de belleza y de motivos de mar con delfines, Eliot, en un corte brusco, intuido tal vez por la referencia previa a la violación de Filomela, detiene la secuencia de paz y contemplación –el cabello se aquieta salvaje– e irrumpe, ya sin ironía posible, en el encuentro de la pareja:

«Estoy mal de los nervios esta noche. Sí, mal. No te vayas.
Di algo. ¿Por qué no hablas nunca? Di.
¿En qué estás pensando? ¿Qué piensas? ¿Qué?
Nunca sé qué piensas. Piensa.»

Pienso que estamos en el callejón de las ratas
donde los muertos perdieron los huesos.

El estado de abyección moral sigue agravándose, cada uno encerrado en su tormento:

«¿Qué es ese ruido?»
   El viento en la puerta.
«¿Y este otro ruido? ¿Qué hace el viento?»
   Nada otra vez nada.
                     «¿No
sabes nada? ¿No ves nada? ¿No recuerdas
nada?»

Y de pronto el personaje masculino, ahogado en el dolor, a punto de agotar toda desesperación, contesta, probablemente solo para sí mismo:

Recuerdo
son perlas lo que eran sus ojos antes.

Que de pronto se convoque un verso de Shakespeare en *La tempestad*, perteneciente a una de las canciones de Ariel, el duende que es todo elevación y aire, frente a la bestia salvaje y carnal de Calibán, supone, además de un momentáneo alivio incluso fonético y prosódico, la constatación de la imposibilidad de trascendencia y salvación, el recuerdo de una música ya imposible, de una caída no solo del personaje sino en general de la poesía. La canción de Ariel, que parece haber cautivado a Eliot durante toda su vida, es un prodigio de honda levedad, donde el duende inventa, por orden de Próspero, la muerte del padre de Fernando, que escucha extasiado la melodía en que se habla de huesos transformados en corales y ninfas que dan las horas en el fondo del mar, un canto en estado de gracia que contrasta aquí con la imaginería terminal de mudez, ratas, huesos en callejones, vientos y nada, una «nada» que estalla en el poema como recuerdo, tal vez, de otra obra de Shakespeare, la tragedia *El rey Lear*, en las antípodas de *La tempestad*.[17] Ese detonante *nothing* que contesta Cordelia cuando su padre el rey, en el primer acto, le insta a que hable y que le diga, como han hecho sus hipócritas hermanas, cuánto le quiere y que destruye de golpe el lenguaje cortesano, las convenciones, la autoridad, la confianza, el mundo, en definitiva, en que viven esos personajes y que desata la tormenta que acaba con todos, obligados antes a tratar de encontrar un nuevo sentido frente a esa nada, es muy posible que estuviera en la mente de Eliot cuando escribió el diálogo anterior, de modo que al recordar ese retazo de armonía perdida con el verso de Ariel, en boca de su personaje hundido en la miseria moral, no solo está describiendo un vacío espiritual sino apuntando a dos extremos de exploración poética que Shakespeare había sabido conciliar en su obra, de una forma que él todavía no era capaz de hacer, pero en la que ya estaba pensando.[18]

La tensión con Shakespeare nos permite hablar de otra influencia en el poema que fue decisiva, sobre todo en una primera fase de composición. Eliot conoció a James Joyce en París, en 1920, cuando empezaba a escribir *La tierra baldía*, y enseguida pudo leer el manuscrito de *Ulises* (1922), que le causó una fuerte impresión. Siempre se habla del influjo de la poesía en la novela pero, a partir sobre todo del siglo XX, el beneficio empieza a ser recíproco. Se sabe que Eliot modificó y amplió su poema después de esa lectura, aunque algunos de los episodios más evidentemente joyceanos fueron suprimidos por Pound. Hay, en cualquier caso, muchas similitudes en las dos obras, para empezar el *agón* entablado con Dante —el viaje al mundo de los muertos, la tentación musical del italiano— y también con Shakespeare. Joyce sostiene un pul-

---

17. Para más información, véase la nota al verso 48 de esta edición, en la p. 129.
18. Véase al respecto la nota al verso 120 de esta edición, en la p. 135.

so contante con *Hamlet*, que le ayuda a intensificar la dramatización de la paternidad trágica de Leopold Bloom, que ha perdido a su hijo pequeño y que sale de su casa sabiendo que su mujer se acuesta con otro. Como en el caso de la obra de Eliot, *Ulises* es una novela cuyo goce ha sido mermado por el exceso interpretativo de su superficie, pero, más allá de la pirotecnia estilística y formal, se esconde una intensidad a veces desatendida, como la que se desprende del encuentro humano entre Bloom y Stephen Dedalus, uno buscando al hijo que ya no tiene y el otro al padre que le hubiera gustado tener; o la insustituible y genuina construcción sentimental de Molly, cuyo amor por su marido sobrevive a la sordidez del adulterio e incluso a la pena devastadora por la pérdida del niño y que suena con un tono, una ternura y una afirmación solo suyas.

Las correspondencias entre una y otra obra quizá se hagan más evidentes en el tercer capítulo de la novela, aquel en que Dedalus pasea por la playa de Sandymount sumergido en un oleaje de referencias, de fragmentos y asociaciones en los que también resuenan restos de Shakespeare –la canción de Ariel con escenas de *El rey Lear* y de *Hamlet*– asociados a la idea de padre, de canto imposible y de agua, envuelto todo en la corriente proteica de la mente del personaje, tensada por una dialéctica constante entre visión y oído –el pasado como algo que se oye y el futuro como algo que debería y ya no puede verse– muy afín al magma de *La tierra baldía*, a su trabajo con el pasado y la memoria, a su interpelación al mito, a su vaivén entre lo lírico y lo dramático, a su exploración de la ciudad o a su recusación de la tradición heredada.

Con un eco de *Hamlet*, en concreto de las últimas palabras de Ofelia, la *donna angelicata* que ha sido física y mentalmente destruida, se cierra la última tirada de «Una partida de ajedrez», donde una conversación en un pub entre dos mujeres acerca de una tercera, punteada por ese escalofriante y ominoso aviso del camarero, abunda en la idea de sordidez –esa dentadura–, de mutilación, de sexo y guerra, así como en la imaginería maternal específica del poema, en la que se suceden abortos, partos casi mortales o murciélagos con cara de recién nacidos.

A esa noción inhóspita del sexo, se le superpone, en «El sermón del fuego», la inoperancia del mito, la impotencia del poema a la hora de trascender, de pertenecer a un orden superior con el que se comunica el canto. La imagen otoñal del río –con el dosel del follaje rasgado– sirve para describir un Támesis que, aun estando fuera del límite urbano, es ya ciudad, gracias a la basura que corría en verano por su lecho y donde sopla un viento que nadie oye. Ahora las ninfas se han ido con los ejecutivos de la City, con el dinero. Pero el deseo de cantar persiste, derrotado. De nuevo «Prufrock» viene a la memoria, con sus sirenas cantándose entre ellas y el pobre y tan querible J. Alfred mirándolas, oyéndolas incluso, pero diciéndose para sus adentros: «No creo que canten para mí», uno de los versos más tristes que jamás se han escrito y que funda el origen de este problema de *La tierra baldía*.

En su nota al verso 218, Eliot apuntó lo siguiente:

Tiresias, aunque es un mero espectador y no propiamente un protagonista, es no obstante el personaje más importante del poema y el que vertebra a todos los demás. Del mismo modo que el mercader tuerto, vendedor de pasas, se confunde con el marinero fenicio, y este no se diferencia del todo de Fernando, príncipe de Nápoles, todas las mujeres son una sola mujer y ambos sexos se reúnen en Tiresias. Lo que *ve* Tiresias es, de hecho, la sustancia del poema.[19]

Solo nos podemos tomar a broma la afirmación de que la visión de Tiresias es la sustancia del poema, como broma o como una manera muy eliotiana de decir todo lo contrario, pues si algo distingue a Tiresias en este poema es que no ve nada, porque ya no es un visionario, como Prufrock, que dice «lo conozco todo» precisamente porque nada ha vivido. De la misma manera, cuando Tiresias declama «Y yo Tiresias todo lo he sufrido de antemano» está admitiendo su carácter superfluo y presentándose como un personaje cómico.[20] ¿Cómo va a ser el centro del poema un «viejo de arrugadas tetas»? El sentido del humor es constante e inesperado en Eliot, incluso en los pasajes más solemnes de los *Cuatro cuartetos*. Tiresias es apenas un disfraz raído, el testimonio de la incomunicación entre los sexos, de la incapacidad de soportar la vida y de la desacralización de la naturaleza, como las ninfas esfumadas, como la Sibila del epígrafe que quiere morirse, como los restos de canción –Ariel y Wagner– o esas improbables hijas del Támesis, cuyo cántico termina contando escenas sexuales difíciles –supina ella en el fondo de una estrecha canoa, llorando él tras el suceso– hasta ese definitivo «No puedo co-

19. Véase la p. 137 de este volumen.
20. Véase el verso 243 de *La tierra baldía* en la p. 101 de este volumen.

nectar / nada con nada», a la vez resultado de la muerte del mito y preludio del último problema abordado en el poema.[21]

«El sermón del fuego» se cierra con balbuceos místicos en los que se mezcla a san Agustín con Buda, la filosofía fundacional cristiana con la espiritualidad oriental. El interludio de «Muerte por agua» parece nada más que una reescritura de la canción de Ariel en clave contemporánea, como imposible centro mítico del poema y ojo ciego en que se revierten todos los símbolos tradicionales. Flebas recuerda además a un Prufrock ahogado al final de su monólogo por el agua de su imaginación, reviviendo todas sus edades. En cualquier caso, el apunte puede funcionar como repliegue antes de la sección final, donde la cuestión religiosa aparece en toda su crudeza. Después de haber indagado en la destrucción de lo natural, en el desasosiego de mujeres y hombres, después de haber constatado la disfunción del mito, «Según dijo el trueno» se abre con una estrofa, en principio armónicamente escanciada, donde resuenan, como a lo largo de toda la sección, restos estallados de cristianismo, sin orden, que sin embargo parecen conducirnos a una solución, incluso prosódica, que Eliot, como tantas otras veces, defrauda:

> *Tras la roja luz de antorcha en caras sudorosas*
> *tras el silencio escarchado en los jardines*
> *tras la agonía en los pedregales*
> *los gritos y los llantos*
> *prisión y palacio y reverbero*
> *de trueno primaveral en montañas lejanas*
> *Quien estaba vivo está ya muerto*
> *nosotros vivíamos y estamos muriendo*
> *con un poco de paciencia.*

Las imágenes del prendimiento de Cristo no conducen, como era de esperar, a un alivio o una redención, sino que resulta que los vivos «estamos muriendo / con un poco de paciencia». Es en este punto donde podríamos situar el principio de la búsqueda espiritual de Eliot, que fue educado en el cristianismo unitario y americano de sus antepasados para huir de su disidencia y buscar un regreso a la obediencia anglocatólica,

---

21. Véase el verso 301 de *La tierra baldía* en la p. 105 de este volumen.

británica y romana, que finalmente adoptará en 1927 al nacionalizarse inglés, bautizarse en la High Church anglicana y declararse monárquico.[22] Será el punto culminante de su viaje, que luego se desplegará en los *Cuatro cuartetos*, pero aquí estamos todavía en el filo de una espiritualidad perpleja. En su atención a la cuestión religiosa, Eliot quiso asomarse a una experiencia ancha, tratando de buscar siempre una restauración ecuménica de la sensibilidad. Para ello, prestó atención a las religiones y la filosofía de Oriente, estudió a los presocráticos como punto de unión con las corrientes sapienciales, aprendió sánscrito y fue un lector asiduo de los *Upanishad*, cuyo influjo aún se deja oír en los *Cuartetos*, donde la ortodoxia personal no excluye en ningún momento otros caminos.

En la siguiente estrofa –que era, y no por casualidad, la favorita del propio Eliot– es donde se alcanza por primera vez un principio de elevación, aunque sea todavía negativo. La ansiedad por el agua tiene ya una especie de ansiedad de estilita que genera incluso una primera canción que casi logra alzar el vuelo y superar la ironía:

> *Si hubiera agua*
>
> *en vez de roca*
> *si hubiera roca*
> *y también agua*
> *y agua*
> *un manantial*
> *una poza entre la roca*
> *si por lo menos se oyera el sonido del agua*
> *no la cigarra*
> *y la yerba seca cantando*
> *sino el agua resonante sobre una roca*
> *donde canta el zorzal ermitaño en los pinares*
> *Drip drop drip drop drop drop*
> *pero no hay agua*

22. Andrew Eliot, antepasado del poeta, abandonó Inglaterra en 1669 durante la oleada migratoria de puritanos que colonizó Nueva Inglaterra. El abuelo de Eliot, William Greenleaf Eliot, fundó una iglesia unitaria en Saint Louis (Missouri). El unitarismo niega la Trinidad y afirma la bondad de Dios. Al bautizarse en la Iglesia anglicana –en su rama más alta y más cercana al catolicismo–, Eliot deshizo el camino andado por sus ancestros y cerró el círculo.

Tras las imágenes de un cristianismo desnortado, con referencias un tanto paródicas a la resurrección, se suceden visiones apocalípticas de ciudades que estallan, lamentos maternales como de *pietà* vislumbrada, capillas vacías, lápidas rotas y pozos exhaustos que desembocan en una ilusión de orden, establecido en las tres voces del trueno, donde lo verdaderamente importante no es tanto la referencia al texto sacro hinduista cuanto el rendimiento de cuentas con la experiencia, con la vida, que de pronto aparece, por primera vez en el poema, asumida y aceptada:

> *¿qué hemos dado?*
> *Amigo mío, sangre que me sacude el corazón*
> *la terrible osadía de un instante de rendición*
> *que ni toda una era de prudencia podría reparar*
> *por eso y solo por eso hemos existido*
> *lo que no se hallará en nuestros obituarios*
> *ni en recuerdos velados por la benéfica araña*
> *o en sellos rotos por el flaco notario*
> *en nuestras estancias vacías*

En esa «terrible osadía de un instante de rendición» resuena el grito callado del poema, la voz solo humana que en su muerte oye Prufrock, cuya pregunta reiterada, llena de miedo («¿Debería? ¿Debería?»), encuentra aquí su irredimible decisión, la de la existencia que sucede para desaparecer sin dejar rastro en nuestras estancias vacías.

En los últimos versos, emergen al poema los fragmentos con que se han apuntalado las ruinas morales. De alguna manera, Eliot ensaya lo que solo conseguirá armonizar en la arquitectura meditativa de los *Cuatro cuartetos*, diez años más tarde. Pero ahora ya empezamos a oír cómo la desesperación clama por su final, por dar paso a un segundo estadio, a una «paz que sobrepasa todo entendimiento». En su trayecto crítico y poético, Eliot se negó a aceptar el desplazamiento de lo sagrado a la literatura y cifró en esa apuesta –no importa hasta qué punto fracasada– el impulso de su ambición. La poesía tenía que intentar volver a ser, parafraseando a su predilecto George Herbert, *a kind of tune that all things hear and fear*, «una especie de melodía que todo lo oye y teme».[23] Por

---

23. El verso de George Herbert (1593-1633) pertenece al poema «Prayer» («Oración»).

ello, su trato con la tradición supone en realidad una ruptura, puesto que la tradición implica el reconocimiento de una comunidad y de una sucesión interpretativa que en *La tierra baldía* –o *El bosque sagrado*, su correlato crítico– se rechaza para pedir que se deje hablar al pasado, entendido como una infinidad de voces que escapan a cualquier clasificación y que conforman, efectivamente, un orden simultáneo, pero solo gracias a un gesto artístico que constituye la más alta forma de atención y humildad. Un siglo más tarde, esa experiencia radical nos permite, como última consecuencia, juzgar nuestro propio trato con unos muertos que, pese a parecer condenados a enmudecer en un presente cada vez más hueco, siguen ahí, empezando por el propio T. S. Eliot, para quien quiera escucharlos.

ANDREU JAUME

SOBRE LA TRADUCCIÓN

En la traducción de los poemas, he procurado en todo momento atender a la prosodia original, que no significa tratar de reproducirla, algo imposible por la distancia y la diversa constitución de las dos lenguas, sino ser consciente del trabajo métrico y del pensamiento que de ello se deriva. Eliot compone de manera muy deliberada contra la prosodia establecida del pentámetro yámbico, que a menudo quiere trasladarse al español con el endecasílabo melódico. La única manera de preservar esa subversión, acentuada paulatinamente en *Prufrock* hasta que se deja estallar en la experimentación de *La tierra baldía*, es tratar de hacer de cada verso una unidad prosódica, intentar reproducir el vaivén del fraseo y la especificidad del habla en cada caso, para cada personaje. Solo he utilizado una métrica ortodoxa en el caso de los «Preludios», en un esfuerzo por conservar la labor de ingeniería fonética que tienen los originales, escritos muy cerca de la dicción de Jules Laforgue, a quien prácticamente Eliot parece traducir. Por otra parte, siempre he traducido teniendo muy en cuenta que lo verdaderamente importante, en la composición poética, es el control de los acentos, mucho más que el conteo de sílabas, que no produce, en sí mismo, ningún efecto y no constituye ningún canon. Nunca, de todos modos, me he permitido alejarme demasiado del original para hacer florituras solipsistas.

En *La tierra baldía* he tratado de enfatizar la diferencia entre reflexión, descripción, habla y canción con que Eliot traba el aliento de todo el poema. Inevitablemente, he traducido también la puntuación y algunos sangrados que, en muchos casos, no tienen equivalencia en español. El propio Eliot solía decir que la composición poética es nada más que una cuestión de puntos y comas.

Salvo en las excepciones indicadas, todas las citas griegas, latinas, alemanas, italianas y francesas se han traducido también de nuevo.

A. J.

SOBRE ESTA EDICIÓN

La costumbre que inauguró el propio T. S. Eliot al acompañar la edición estadounidense de *La tierra baldía* en Boni and Liveright con unas notas que el editor le pidió para engrosar el volumen, ha hecho que ese aparato forme ya parte de la obra. Casi un siglo después de la aparición del poema, son muchas las referencias y alusiones que Eliot daba por sabidas y que hoy ya no son obvias y por ello nos vemos obligados a anotar a su vez las notas, ampliando los datos ofrecidos por el poeta y añadiendo nueva y pertinente información para una comprensión cabal de los versos. En ese sentido, las notas de Eliot conforman en sí mismas un documento sobre una época.

En el caso de los poemas que componen *Prufrock*, también se han añadido unas notas sucintas que en algún caso pueden ayudar a un disfrute más completo de la lectura. Se aclaran asimismo, en los dos libros, algunas cuestiones relativas a matices de traducción.

El original utilizado para la composición y traducción del texto es el fijado en la primera edición de la obra completa en verso del autor: *T. S. Eliot. The Complete Poems and Plays* (Faber & Faber, Londres, 1969). A diferencia de la edición original, donde no hay un criterio nítido, se ha optado por componer todos los versos de *La tierra baldía* en redonda, sin discriminar citas, palabras o voces extranjeras, considerándolo así como parte del mismo magma.

Dedico este trabajo a Mónica Carmona, la mejor editora de nuestra generación, pensando en el agua de Lebena: *by this, and this only, we have existed.*

A. J.

NOTA A LA EDICIÓN DE 2022

Con respecto a la de 2015, en esta edición, hecha para celebrar el centenario de *La tierra baldía*, se han revisado con detalle tanto la traducción como la anotación y se ha añadido un epílogo que quiere ser una reflexión sobre la poesía en nuestros tiempos, más allá de las explicaciones históricas y críticas que se dan en el prólogo.

PRUFROCK
Y OTRAS OBSERVACIONES

Para Jean Verdenal, 1889-1915,
mort aux Dardanelles

Or puoi la quantitate
comprender dell'amor ch'a te mi scalda,
quando dismento nostra vanitate,
tratando l'ombra come cosa salda.

THE LOVE SONG OF J. ALFRED PRUFROCK

S'ie credess che mia risposta fosse
a persona che mai tornasse al mondo,
questa fiamma staria senza più scosse;
ma però che già mai di questo fondo
non tornò vivo alcun, s'i'odo il vero,
senza tema d'infamia ti rispondo.

Let us go then, you and I,
When the evening is spread out against the sky
Like a patient etherised upon a table;
Let us go, through certain half-deserted streets,
The muttering retreats
Of restless nights in one-night cheap hotels
And sawdust restaurants with oyster-shells:
Streets that follow like a tedious argument
Of insidious intent
To lead you to an overwhelming question...
Oh, do not ask, «What is it?»
Let us go and make our visit.

In the room the women come and go
Talking of Michelangelo.

The yellow fog that rubs its back upon the window-panes,
The yellow smoke that rubs its muzzle on the window-panes,
Licked its tongue into the corners of the evening,
Lingered upon the pools that stand in drains,
Let fall upon its back the soot that falls from chimneys,
Slipped by the terrace, made a sudden leap,
And seeing that it was a soft October night,
Curled once about the house, and fell asleep.

And indeed there will be time
For the yellow smoke that slides along the street

LA CANCIÓN DE AMOR DE J. ALFRED PRUFROCK

S'i credesse che mia risposta fosse
a persona che mai tornase al mondo,
questa fiamma staria senza più scosse;
ma però che già mai di questo fondo
non tornò vivo alcun, s'i'odo il vero,
senza tema d'infamia ti rispondo.

Vamos pues tú y yo,
ahora que se echa la tarde en el cielo
como un paciente anestesiado sobre una mesa;
vayamos por ciertas calles medio muertas,
las rumorosas madrigueras
de inquietas noches en hoteles cutres de una sola noche
y restaurantes con serrín y ostras vacías:
calles que se prolongan como una tediosa discusión
con la insidiosa intención
de proponerte una cuestión comprometida...
Ah, no preguntes: «¿De qué se trata?».
Vámonos de visita.

En la sala las mujeres van y vienen
hablando de Miguel Ángel.

La bruma amarilla que se frota la espalda contra los ventanales,
la niebla amarilla que se frota el hocico contra los ventanales
metía la lengua en las esquinas de la tarde,
se demoraba en las charcas de los desagües,
dejaba caer sobre su espalda el hollín que cae de las chimeneas;
se escurrió en la terraza, dio un salto repentino
y viendo que era una suave noche de octubre
se ovilló de golpe en la casa y cayó rendida.

Y claro que habrá tiempo
para la niebla amarilla que se desliza por la calle,

Rubbing its back upon the window-panes;
There will be time, there will be time
To prepare a face to meet the faces that you meet;
There will be time to murder and create,
And time for all the works and days of hands
That lift and drop a question on your plate;
Time for you and time for me,
And time yet for a hundred indecisions,
And for a hundred visions and revisions,
Before the taking of a toast and tea.

In the room the women come and go
Talking of Michelangelo.

And indeed there will be time
To wonder, «Do I dare?» and, «Do I dare?»
Time to turn back and descend the stair,
With a bald spot in the middle of my hair –
(They will say: «How his hair is growing thin!»)
My morning coat, my collar mounting firmly to the chin,
My necktie rich and modest, but asserted by a simple pin –
(They will say: «But how his arms and legs are thin!»)
Do I dare
Disturb the universe?
In a minute there is time
For decisions and revisions which a minute will reverse.

For I have known them all already, known them all –
Have known the evenings, mornings, afternoons,
I have measured out my life with coffee spoons;
I know the voices dying with a dying fall
Beneath the music from a farther room.
So how should I presume?

And I have known the eyes already, known them all –
The eyes that fix you in a formulated phrase,
And when I am formulated, sprawling on a pin,
When I am pinned and wriggling on the wall,
Then how should I begin
To spit out all the butt-ends of my days and ways?
And how should I presume?

frotándose la espalda contra los ventanales;
habrá tiempo, habrá tiempo
de disponer una cara para ver las caras que te encuentras;
habrá tiempo de asesinar y crear,
y tiempo para todas las obras y días de manos
que levantan y sueltan una cuestión en tu plato;
tiempo para ti y tiempo para mí,
y tiempo para cien indecisiones
y para cientos de visiones y revisiones,
antes de la tostada y el té.

En la sala las mujeres van y vienen
hablando de Miguel Ángel.

Y claro que habrá tiempo
para pensar, «¿debería?» y «¿debería?»,
tiempo para volverse y bajar la escalera
con una clapa en mitad del cabello…
(Dirán: «¡Cuánto pelo está perdiendo!».)
Mi abrigo de mañana, el cuello prieto hasta la barbilla,
la corbata cara y discreta, pero fijada con una aguja sencilla…
(Dirán: «¡Qué flacos los brazos y las piernas!».)
¿Debería
perturbar el universo?
En un minuto hay tiempo
para decisiones y revisiones que un minuto revoca luego.

Porque ya lo conozco todo, todo lo conozco…
He conocido los crepúsculos, las tardes y las mañanas,
mi vida la he medido con cucharillas de café;
conozco las voces agónicas en su agónica caída
más allá de la música que llega de un salón a lo lejos.
¿Así que cómo puedo yo suponer?

Y he conocido los ojos también, todos los he conocido…
Los ojos que te paralizan con una frase formular,
y estando yo mismo formulado, despatarrado en una aguja,
estando yo mismo clavado y retorciéndome en la pared,
¿cómo debería empezar
a escupir todas las colillas de mis días con sus pasos?
¿Y cómo puedo yo suponer?

And I have known the arms already, known them all –
Arms that are braceleted and white and bare
(But in the lamplight, downed with light brown hair!)
Is it perfume from a dress
That makes me so digress?
Arms that lie along a table, or wrap about a shawl.
And should I then presume?
And how should I begin?

Shall I say, I have gone at dusk through narrow streets
And watched the smoke that rises from the pipes
Of lonely men in shirt-sleeves, leaning out of windows?...

I should have been a pair of ragged claws
Scuttling across the floors of silent seas.

And the afternoon, the evening, sleeps so peacefully!
Smoothed by long fingers,
Asleep... tired... or it malingers,
Stretched on the floor, here beside you and me.
Should I, after tea and cakes and ices,
Have the strength to force the moment to its crisis?
But though I have wept and fasted, wept and prayed,
Though I have seen my head (grown slightly bald) brought in upon a
                                                      [platter,
I am no prophet – and here's no great matter;
I have seen the moment of my greatness flicker,
And I have seen the eternal Footman hold my coat, and snicker,
And in short, I was afraid.

And would it have been worth it, after all,
After the cups, the marmalade, the tea,
Among the porcelain, among some talk of you and me,
Would it have been worth while,
To have bitten off the matter with a smile,
To have squeezed the universe into a ball
To roll it towards some overwhelming question,
To say: «I am Lazarus, come from the dead,
Come back to tell you all, I shall tell you all» –

Y he conocido también los brazos, los conozco todos...
Brazos con pulseras, blancos y desnudos
(pero a la luz de la lámpara con suave y castaña pelusa).
¿Es el perfume de un vestido
lo que me hace divagar tanto?
Brazos apoyados en una mesa o envueltos en un chal.
¿Y tengo pues que suponer?
¿Y cómo debería empezar?

¿Debo decir, he ido al caer el día por calles estrechas
y he visto el humo que asciende de las pipas
de hombres solitarios en mangas de camisa, asomándose a las
[ventanas...?

Tendría que haber sido un par de pinzas dentadas
escabulléndome en los fondos de mares silenciosos.

¡Y la tarde que anochece duerme con tanta paz!
Acariciado por largos dedos,
medio dormido... cansado... o finge estar enfermo,
tumbado en el suelo, aquí a nuestro lado.
¿Debería, tras el té y el pastel y los helados,
tener la fuerza para forzar el momento de la crisis?
Pero aunque haya llorado y ayunado, llorado y rezado,
aunque haya visto mi cabeza (un poco calva ya) presentada sobre una
[bandeja,
no soy ningún profeta; y no es que importe mucho.
He visto titilar el momento de mi grandeza
y he visto al eterno criado tener mi abrigo, aguantándose la risa,
y en fin, me entró miedo.

Y habría valido la pena, después de todo,
después de las tazas, la confitura, el té,
entre la porcelana, en alguna de nuestras charlas,
habría valido la pena,
haber encarado el tema con una sonrisa,
haber metido el universo en una bola
y lanzarla hacia una cuestión comprometida,
decir: «Soy Lázaro, he vuelto de entre los muertos,
he vuelto para deciros a todos, os voy a decir a todos...».

If one, settling a pillow by her head,
    Should say: «That is not what I meant at all.
    That is not it, at all.»

And would it have been worth it, after all,
Would it have been worth while,
After the sunsets and the dooryards and the sprinkled streets,
After the novels, after the teacups, after the skirts that trail along the
                                                                [floor –
And this, and so much more? –
It is impossible to say just what I mean!
But as if a magic lantern threw the nerves in patterns on a screen:
Would it have been worth while
If one, settling a pillow or throwing off a shawl,
And turning toward the window, should say:
    «That is not it at all,
    That is not what I meant, at all.»

No! I am not Prince Hamlet, nor was meant to be;
Am an attendant lord, one that will do
To swell a progress, start a scene or two,
Advise the prince; no doubt, an easy tool,
Deferential, glad to be of use,
Politic, cautious, and meticulous;
Full of high sentence, but a bit obtuse;
At times, indeed, almost ridiculous –
Almost, at times, the Fool.

I grow old... I grow old...
I shall wear the bottoms of my trousers rolled.

Shall I part my hair behind? Do I dare to eat a peach?
I shall wear white flannel trousers, and walk upon the beach.
I have heard the mermaids singing, each to each.

I do not think that they will sing to me.
I have seen them riding seaward on the waves
Combing the white hair of the waves blown back
When the wind blows the water white and black.

Si alguien, colocándose un cojín en la cabeza,
    dijera: «No es lo que quería decir,
    no es esto en absoluto».

¿Y habría valido la pena, después de todo,
habría valido la pena,
después de los crepúsculos y los patios y las calles mojadas,
después de las novelas, las tazas de té, después de las faldas que rozan el
                                                                    [suelo,
y esto y tanto más?
¡Es imposible expresar lo que quiero decir!
Pero como si una linterna mágica proyectara los nervios con dibujos en
                                                            [una pantalla:
habría valido la pena
si alguien, colocándose un cojín o quitándose un chal,
y volviéndose hacia la ventana, dijera:
    «No es esto en absoluto,
    no es lo que quería decir, para nada».

¡No! No soy el príncipe Hamlet ni pretendía serlo;
soy un consejero real, uno que servirá
para hacer avanzar la trama, iniciar una o dos escenas,
advertir al príncipe; sin duda un peón fácil,
deferente, contento de ser útil,
político, cauto, minucioso;
muy sentencioso, pero un poco obtuso,
a ratos, de hecho, casi ridículo…
casi, a ratos, el bufón.

Estoy viejo… estoy viejo…
Llevaré doblados los bajos del pantalón.

¿Tendría que peinarme hacia atrás? ¿Debería comerme un melocotón?
Llevaré pantalones de franela blanca y caminaré por la playa.
He oído a las sirenas cantándose, cara a cara.

No creo que canten para mí.
Las he visto cabalgar hacia el mar sobre las olas
peinando el cabello blanco de las olas sopladas
cuando el viento sopla el agua negra y blanca.

We have lingered in the chambers of the sea
By sea-girls wreathed with seaweed red and brown
Till human voices wake us, and we drown.

Nos hemos demorado en las estancias del mar
con chicas marinas coronadas de algas rojas y pardas
hasta que voces humanas nos despiertan y nos hundimos en el agua.

PORTRAIT OF A LADY

> Thou hast committed –
> Fornication: but that was in another country,
> And besides, the wench is dead.

The Jew of Malta

I

Among the smoke and fog of a December afternoon
You have the scene arrange itself – as it will seem to do –
With «I have saved this afternoon for you»;
And four wax candles in the darkened room,
Four rings of light upon the ceiling overhead,
An atmosphere of Juliet's tomb
Prepared for all the things to be said, or left unsaid.
We have been, let us say, to hear the latest Pole
Transmit the Preludes, through his hair and finger-tips.
«So intimate, this Chopin, that I think his soul
Should be resurrected only among friends
Some two or three, who will not touch the bloom
That is rubbed and questioned in the concert room.»
– And so the conversation slips
Among velleities and carefully caught regrets
Through attenuated tones of violins
Mingled with remote cornets
And begins.
«You do not know how much they mean to me, my friends,
And how, how rare and strange it is, to find
In a life composed so much, so much of odds and ends,
(For indeed I do not love it… you knew? you are not blind!
How keen you are!)
To find a friend who has these qualities,
Who has, and gives
Those qualities upon which friendship lives.

RETRATO DE UNA DAMA

Has cometido...
fornicación: pero fue en otro país,
y además, la zorra está muerta.

El judío de Malta

I

Envuelta en la niebla y la bruma de una tarde de diciembre
dejas que la escena –como debería ser– se componga sola
con un «Guardaba esta tarde para ti»;
y cuatro velas de cera en la sala oscurecida,
cuatro anillos de luz arriba en el techo,
una atmósfera a lo sepulcro de Julieta
dispuesta para que todo se diga o quede sin decir.
Estuvimos, digamos, escuchando al ultimísimo polaco
transmitir los Preludios con el cabello y los dedos.
«Es tan íntimo, este Chopin, que creo que su alma
debería resucitar solo entre amigos,
unos dos o tres, que no osarían tocar la floración
que se manosea y cuestiona en la sala de conciertos.»
Y así fluye la conversación,
entre veleidades y cuidadosamente tomados pesares,
a través de atenuados tonos de violines
entreverados con lejanas cornetas;
y empieza:
«No sabe hasta qué punto son importantes para mí, mis amigos,
y qué raro, qué raro y extraño resulta encontrar,
en una vida hecha de tantos, tantos retales
(por supuesto que no me gusta... ¿lo sabía? ¡No está usted ciego!
¡Qué agudo es usted!),
encontrar un amigo que tenga estas cualidades,
que tenga y ofrezca
esas cualidades de las que se nutre una amistad.

How much it means that I say this to you —
Without these friendships —life, what cauchemar*!»*

Among the windings of the violins
And the ariettes
Of cracked cornets
Inside my brain a dull tom-tom begins
Absurdly hammering a prelude of its own,
Capricious monotone
That is at least one definite «false note.»
— Let us take the air, in a tobacco trance,
Admire the monuments,
Discuss the late events,
Correct our watches by the public clocks.
Then sit for half an hour and drink our bocks.

II

Now that lilacs are in bloom
She has a bowl of lilacs in her room
And twists one in her fingers while she talks.
«Ah, my friend, you do not know, you do not know
What life is, you who hold it in your hands»;
(Slowly twisting the lilac stalks)
«You let it flow from you, you let it flow,
And youth is cruel, and has no more remorse
And smiles at situations which it cannot see.»
I smile, of course,
And go on drinking tea.

«Yet with these April sunsets, that somehow recall
My buried life, and Paris in the Spring,
I feel immeasurably at peace, and find the world
To be wonderful and youthful, after all.»

The voice returns like the insistent out-of-tune
Of a broken violin on an August afternoon:
«I am always sure that you understand
My feelings, always sure that you feel,
Sure that across the gulf you reach your hand.

Qué importante es que le diga esto…
Sin estas amistades… la vida, ¡qué *cauchemar*!».

Entre las sinuosidades de los violines
y las arietas
de cascadas cornetas,
en mi cabeza un pesado tambor empieza
aporreando absurdamente un preludio de su cosecha,
caprichosamente monótono
y que es, al menos, una nítida «nota falsa».
–Vayamos a tomar el aire, en trance de tabaco,
admiremos los monumentos,
discutamos los últimos acontecimientos,
sincronicemos nuestros relojes con la hora oficial
y sentémonos luego media hora a tomar cerveza.

II

Ahora que las lilas están en flor
tiene un cuenco con lilas en su habitación
y mientras habla aprieta una con los dedos.
«Ay, amigo mío, no sabe usted, no sabe usted
lo que es la vida, usted que la tiene en las manos»
(retuerce lenta el tallo de la lila),
«una deja que fluya, deja que fluya
y la juventud es cruel y no se arrepiente
y sonríe en situaciones que no puede ver.»
Yo sonrío, por supuesto,
y sigo tomando té.

«Pero con estas puestas de sol de abril, que recuerdan,
de algún modo, mi sepultada vida y la primavera parisina,
me siento enormemente en paz y el mundo me parece
maravilloso y lleno de juventud, después de todo.»

La voz vuelve como la insistente disonancia
de un roto violín una tarde de agosto:
«Siempre estoy segura de que usted entiende
mis sentimientos, siempre segura de que usted siente,
de que a través del abismo tiende usted la mano.

You are invulnerable, you have no Achilles' heel.
You will go on, and when you have prevailed
You can say: at this point many a one has failed.
But what have I, but what have I, my friend,
To give you, what can you receive from me?
Only the friendship and the sympathy
Of one about to reach her journey's end.

I shall sit here, serving tea to friends...»

I take my hat: how can I make a cowardly amends
For what she has said to me?
You will see me any morning in the park
Reading the comics and the sporting page.
Particularly I remark
An English countess goes upon the stage.
A Greek was murdered at a Polish dance,
Another bank defaulter has confessed.
I keep my countenance,
I remain self-possessed
Except when a street-piano, mechanical and tired
Reiterates some worn-out common song
With the smell of hyacinths across the garden
Recalling things that other people have desired.
Are these ideas right or wrong?

III

The October night comes down; returning as before
Except for a slight sensation of being ill at ease
I mount the stairs and turn the handle of the door
And feel as if I had mounted on my hands and knees.
«And so you are going abroad; and when do you return?
But that's a useless question.
You hardly know when you are coming back,
You will find so much to learn.»
My smile falls heavily among the bric-à-brac.

Es usted invulnerable, no tiene talón de Aquiles.
No se detendrá, y cuando haya ganado,
podrá decir: en este punto más de uno ha fracasado.
Pero ¿qué tengo yo, qué tengo yo, amigo mío,
para darle, qué puede usted esperar de mí?
Solo la amistad y la simpatía
de alguien a punto de llegar al fin.

Me quedaré aquí sentada, sirviendo té a los amigos…».

Recojo mi sombrero: ¿cómo podría enmendar cobardemente
lo que me ha dicho ella?
Me veréis cualquier mañana en el parque,
leyendo las viñetas y la sección de deportes.
Me detengo sobre todo
en una condesa inglesa es actriz de teatro,
un griego fue asesinado en un baile polaco,
otro moroso bancario ha confesado.
Mantengo el semblante,
sigo sereno
excepto cuando una pianola, mecánica y fatigada,
reitera una vieja y popular canción
llena de aroma de jacintos traspasando el jardín
con recuerdos de aquello que otros han deseado.
¿Estarán bien o mal estas ideas?

III

Cae la noche de octubre; regreso como siempre
excepto por una leve sensación de incomodidad,
subo las escaleras y giro el pomo de la puerta
y me siento como si hubiera subido a gatas.
«Así que se va usted al extranjero, ¿y cuándo regresa?
Pero qué pregunta tan tonta.
No tiene usted idea de cuándo va a volver,
descubrirá tanto que aprender.»
Se apaga mi sonrisa entre las cajitas.

«Perhaps you can write to me.»
My self-possession flares up for a second;
This *is* as I had reckoned.
«I have been wondering frequently of late
(But our beginnings never know our ends!)
Why we have not developed into friends.»
I feel like one who smiles, and turning shall remark
Suddenly, his expression in a glass.
My self-possession gutters; we are really in the dark.

«For everybody said so, all our friends,
They all were sure our feelings would relate
So closely! I myself can hardly understand.
We must leave it now to fate.
You will write, at any rate.
Perhaps it is not too late.
I shall sit here, serving tea to friends.»

And I must borrow every changing shape
To find expression... dance, dance
Like a dancing bear,
Cry like a parrot, chatter like an ape.
Let us take the air, in a tobacco trance –

Well! and what if she should die some afternoon,
Afternoon grey and smoky, evening yellow and rose;
Should die and leave me sitting pen in hand
With the smoke coming down above the housetops;
Doubtful, for a while
Not knowing what to feel or if I understand
Or whether wise or foolish, tardy or too soon...
Would she not have the advantage, after all?
This music is successful with a «dying fall»
Now that we talk of dying –
And should I have the right to smile?

«Quizá pueda usted escribirme.»
Mi aplomo se reaviva por un momento;
esto es lo que esperaba.
«Últimamente me he preguntado con frecuencia
(sabemos cómo empieza todo pero no cómo acaba)
por qué no nos hemos hecho más amigos.»
Me siento como alguien que sonríe y volviéndose
descubre de pronto su expresión en un espejo.
Mi aplomo se diluye; estamos en la oscuridad.

«Todo el mundo lo decía, todos nuestros amigos,
¡todos estaban seguros de que nuestros sentimientos
se acercarían tanto! Ni yo misma lo entiendo.
Debemos dejarlo al destino.
Me escribirá, en cualquier caso.
Quizá no sea demasiado tarde.
Estaré aquí sentada, sirviendo té a los amigos.»

Y me veo obligado a adoptar toda forma cambiante
para hallar expresión… danzar, danzar,
como un oso que baila,
gritar como un loro, charlotear como un mono.
Vayamos a tomar el aire, en trance de tabaco.

¡Bien! Y si ella muriera una tarde de estas,
una tarde gris y brumosa, ocaso amarillo y rosa;
muriera y me dejara sentado pluma en mano
con la niebla que desciende sobre los tejados,
dudoso, por un rato,
sin saber qué sentir o qué pensar,
o si sabio o necio, tarde o temprano…
¿No llevaría ella la ventaja, después de todo?
Esta música triunfa con una «agónica caída»
(ahora que hablamos de agonías).
¿Y tendría yo derecho a sonreír?

PRELUDES

I

The winter evening settles down
With smell of steaks in passageways.
Six: o'clock.
The burnt-out ends of smoky days.
And now a gusty shower wraps
The grimy scraps
Of withered leaves about your feet
And newspapers from vacant lots;
The showers beat
On broken blinds and chimney-pots,
And at the corner of the street
A lonely cab-horse steams and stamps.

And then the lighting of the lamps.

II

The morning comes to consciousness
Of faint stale smells of beer
From the sawdust-trampled street
With all its muddy feet that press
To early coffee-stands.

With the other masquerades
That time resumes,
One thinks of all the hands
That are raising dingy shades
In a thousand furnished rooms.

PRELUDIOS

I

Cae la tarde de invierno
en callejones que huelen a cocina.
Las seis en punto.
Quemados restos de días con niebla.
Y ya una ráfaga de lluvia enreda
los mugrientos retales
de hojarasca entre tus piernas
y revuelan periódicos en descampados;
las ráfagas golpean
contra rotas persianas y chimeneas
y en la esquina de la calle
retumba el vaho de un coche de caballos.

Y el súbito encendido de las lámparas.

II

Despierta la mañana a la conciencia
de espectrales olores a cerveza rancia
de la calle con serrín hollada
por enlodados pies que atraviesan
hacia cafeterías de madrugada.

Con las restantes mascaradas
que el tiempo reanuda,
uno piensa en las miles de manos
que ya descorren lúgubres cortinas
en infinitos cuartos amueblados.

III

You tossed a blanket from the bed,
You lay upon your back, and waited;
You dozed, and watched the night revealing
The thousand sordid images
Of which your soul was constituted;
They flickered against the ceiling.
And when all the world came back
And the light crept up between the shutters
And you heard the sparrows in the gutters,
You had such a vision of the street
As the street hardly understands;
Sitting along the bed's edge, where
You curled the papers from your hair,
Or clasped the yellow soles of feet
In the palms of both soiled hands.

IV

His soul stretched tight across the skies
That fade behind a city block,
Or trampled by insistent feet
At four and five and six o'clock;
And short square fingers stuffing pipes,
And evening newspapers, and eyes
Assured of certain certainties,
The conscience of a blackened street
Impatient to assume the world.

I am moved by fancies that are curled
Around these images, and cling:
The notion of some infinitely gentle
Infinitely suffering thing.

Wipe your hand across your mouth, and laugh;
The worlds revolve like ancient women
Gathering fuel in vacant lots.

III

Arrancaste una manta de la cama,
te tumbaste de espaldas y aguardaste.
Dormitabas y viste cómo la noche proyectaba
la secuencia de sórdidas imágenes
de la que está compuesta tu alma
–temblaban contra el cielo raso.
Y cuando regresó el mundo entero
y trepaba la luz por las persianas
y oías los gorriones en los sumideros,
tuviste una visión de la calle
como la calle apenas puede saberlo.
Sentada al borde la cama, donde
te rizabas con rulos de papel el pelo
o te amasabas los pies amarillentos
con las ennegrecidas palmas de las manos.

IV

Se tensa su alma elástica en los cielos
detrás de la manzana esfumados,
o es pisada por pies apresurados
hacia las cuatro, las cinco o las seis en punto.
Y cortos dedos gordos cargan pipas,
y diarios vespertinos, y miradas
convencidas de ciertas certezas,
conciencia de una calle oscurecida
deseando asumir el mundo.

Conmovido por tantas ilusiones
ovilladas en esas imágenes, sostengo
la noción de una cosa infinita y suave,
algo infinitamente sufriendo.

Pásate la mano por la boca y ríe;
los mundos giran como antiguas mujeres
buscando combustible en descampados.

RHAPSODY ON A WINDY NIGHT

Twelve o'clock.
Along the reaches of the street
Held in a lunar synthesis,
Whispering lunar incantations
Dissolve the floors of memory
And all its clear relations,
Its divisions and precisions.
Every street lamp that I pass
Beats like a fatalistic drum,
And through the spaces of the dark
Midnight shakes the memory
As a madman shakes a dead geranium.

Half-past one,
The street-lamp sputtered,
The street-lamp muttered,
The street-lamp said, «Regard that woman
Who hesitates towards you in the light of the door
Which opens on her like a grin.
You see the border of her dress
Is torn and stained with sand,
And you see the corner of her eye
Twists like a crooked pin.»

The memory throws up high and dry
A crowd of twisted things;
A twisted branch upon the beach
Eaten smooth, and polished
As if the world gave up
The secret of its skeleton,
Stiff and white.
A broken spring in a factory yard,
Rust that clings to the form that the strength has left
Hard and curled and ready to snap.

RAPSODIA DE UNA NOCHE DE VIENTO

Las doce en punto.
A lo largo de cada extremo de la calle
sujeta en lunar síntesis,
murmurando conjuros lunares,
se diluyen los fondos de la memoria
con sus asociaciones limpias
y sus precisas divisiones.
Cada farola que paso
resuena cual tambor ominoso
y a través de los blancos de la negra
medianoche se agita la memoria
como agita un demente un geranio muerto.

La una y media,
la farola chispeaba,
la farola musitaba,
la farola decía: «Mira esa mujer
que vacila ante ti a la luz de la puerta
que se abre en ella como una sonrisa.
Fíjate, el dobladillo de su vestido
está deshecho y sucio de arena
y fíjate que el rabillo del ojo
se le retuerce como un alfiler caído».

La memoria vomita con seca violencia
un montón de cosas retorcidas;
una rama torcida en la playa,
bien pelada y pulida
como si el mundo mostrara
el secreto de su esqueleto,
rígido y blanco.
Un muelle roto en un patio de fábrica,
óxido que se aferra a la forma que la fuerza ha dejado
dura y rizada y a punto de botar.

Half-past two,
The street-lamp said,
«Remark the cat which flattens itself in the gutter,
Slips out its tongue
And devours a morsel of rancid butter.»
So the hand of the child, automatic,
Slipped out and pocketed a toy that was running along the quay,
I could see nothing behind that child's eye.
I have seen eyes in the street
Trying to peer through lighted shutters,
And a crab one afternoon in a pool,
An old crab with barnacles on his back,
Gripped the end of a stick which I held him.

Half-past three,
The lamp sputtered,
The lamp muttered in the dark.
The lamp hummed:
«Regard the moon,
La lune ne garde aucune rancune,
She winks a feeble eye,
She smiles into corners.
She smooths the hair of the grass.
The moon has lost her memory.
A washed-out smallpox cracks her face,
Her hand twists a paper rose,
That smells of dust and eau de Cologne,
She is alone
With all the old nocturnal smells
That cross and cross across her brain.»
The reminiscence comes
Of sunless dry geraniums
And dust in crevices,
Smells of chestnuts in the streets,
And female smells in shuttered rooms,
And cigarettes in corridors
And cocktail smells in bars.
The lamp said,
«Four o'clock,
Here is the number on the door.
Memory!

Las dos y media,
la farola decía:
«Fíjate en el gato que se escurre en la alcantarilla,
saca toda la lengua
y se zampa un bocado de manteca rancia».
Así la mano del niño, automática,
se le salió para llevarse al bolsillo un juguete que corría por el muelle.
Nada pude ver tras la mirada del niño.
He visto ojos en la calle
tratando de escudriñar en persianas con luz,
y un cangrejo una tarde en una poza,
un viejo cangrejo con lapas en la concha
que se cogió al palo que le tendía.

Las tres y media,
la farola chispeaba,
la farola musitaba en la noche.
La farola tarareaba:
«Mira la luna,
la lune ne garde aucune rancune,
guiña un ojo malo,
sonríe en las esquinas.
Acaricia el cabello de la hierba.
La luna ha perdido la memoria,
tiene picada la cara de pulida viruela,
estruja una rosa de papel con la mano
que huele a polvo y agua de colonia,
está sola
con todos los viejos y nocturnos aromas
que cruzan y vuelven a cruzar su cabeza».
Llega la reminiscencia
de secos geranios sin sol
y polvo en las grietas,
olores de castaña en las calles
y olores de hembra en cuartos cerrados
y cigarrillos en corredores
y bares con olor a cóctel.
La farola dijo:
«Las cuatro en punto,
aquí está el número en la puerta.
¡Memoria!

You have the key,
The little lamp spreads a ring on the stair.
Mount.
The bed is open; the tooth-brush hangs on the wall,
Put your shoes at the door, sleep, prepare for life.»

The last twist of the knife.

Tienes la llave.
La pequeña farola dibuja un anillo en la escalera.
Sube.
La cama está abierta; el cepillo de dientes cuelga en la pared,
pon los zapatos en la puerta, duerme, disponte para la vida».

La torsión última del cuchillo.

MORNING AT THE WINDOW

They are rattling breakfast plates in basement kitchens,
And along the trampled edges of the street
I am aware of the damp souls of housemaids
Sprouting despondently at area gates.

The brown waves of fog toss up to me
Twisted faces from the bottom of the street,
And tear from a passer-by with muddy skirts
An aimless smile that hovers in the air
And vanishes along the level of the roofs.

MAÑANA EN LA VENTANA

Repiquetean platos de desayuno en cocinas de sótano
y a lo largo de la calle rumorosa de pasos
reconozco las húmedas almas de las criadas
brotando abatidas tras los grandes portales.

Las pardas olas de niebla me lanzan
retorcidas caras desde el fondo de la calle
y arrancan de una transeúnte con faldas sucias
una sonrisa sin destino que planea en el aire
y se disuelve a la altura de los tejados.

THE BOSTON EVENING TRANSCRIPT

The readers of the Boston Evening Transcript
Sway in the wind like a field of ripe corn.

When evening quickens faintly in the street,
Wakening the appetites of life in some
And to others bringing the Boston Evening Transcript,
I mount the steps and ring the bell, turning
Wearily, as one would turn to nod good-bye to La Rochefoucauld,
If the street were time and he at the end of the street,
And I say, «Cousin Harriet, here is the Boston Evening Transcript.»

EL *BOSTON EVENING TRANSCRIPT*

Los lectores del *Boston Evening Transcript*
oscilan en el viento como un campo de trigo maduro.

Cuando la tarde se desvanece rápida en la calle,
despertando apetitos de vida en algunos
y trayéndoles a otros el *Boston Evening Transcript*,
subo las escaleras y toco el timbre, volviéndome
cansado, como se volvería uno para dedicar una cabezada a La
              [Rochefoucauld
si la calle fuera el tiempo y él estuviera al cabo de la calle,
y digo: «Prima Harriet, aquí tienes el *Boston Evening Transcript*».

AUNT HELEN

Miss Helen Slingsby was my maiden aunt,
And lived in a small house near a fashionable square
Cared for by servants to the number of four.
Now when she died there was silence in heaven
And silence at her end of the street.
The shutters were drawn and the undertaker wiped his feet –
He was aware that this sort of thing had occurred before.
The dogs were handsomely provided for,
But shortly afterwards the parrot died too.
The Dresden clock continued ticking on the mantelpiece,
And the footman sat upon the dining-table
Holding the second housemaid on his knees –
Who had always been so careful while her mistress lived.

LA TÍA HELEN

Miss Helen Slingsby era una tía mía soltera
y vivía en una pequeña casa cerca de una elegante plaza
cuidada por un servicio de cuatro personas.
Cuando ella murió, se hizo silencio en el cielo
y silencio al final de su calle.
Se echaron las persianas y el enterrador se lustró los pies,
sabiendo que esas cosas pasaban.
Los perros fueron atendidos con mimo
pero poco después el loro también murió.
El reloj de Dresde siguió sonando en la repisa
y el criado se sentó encima de la mesa del comedor
con la segunda doncella en las rodillas,
tan prudente siempre mientras su señora vivió.

COUSIN NANCY

Miss Nancy Ellicott
Strode across the hills and broke them,
Rode across the hills and broke them –
The barren New England hills –
Riding to hounds
Over the cow-pasture.

Miss Nancy Ellicott smoked
And danced all the modern dances;
And her aunts were not quite sure how they felt about it,
But they knew that it was modern.

Upon the glazen shelves kept watch
Matthew and Waldo, guardians of the faith,
The army of unalterable law.

LA PRIMA NANCY

Miss Nancy Ellicott
daba zancadas por las colinas y las rompía,
cabalgaba por las colinas y las rompía
—las desnudas colinas de Nueva Inglaterra.
Cabalgando con perros de caza
por los pastos de vacuno.

Miss Nancy Ellicott fumaba
y bailaba todos los bailes modernos;
y sus tías no sabían muy bien qué pensar
pero sabían que era moderno.

Sobre las estanterías de cristal vigilaban
Matthew y Waldo, guardianes de la fe,
el ejército de inalterable ley.

MR. APOLLINAX

Ω τῆς καινότητος. Ἡράκλεις, τῆς παραδοξολογίας.
εὐμήχανος ἄνθρωπος.

Lucian

When Mr. Apollinax visited the United States
His laughter tinkled among the teacups.
I thought of Fragilion, that shy figure among the birch-trees,
And of Priapus in the shrubbery
Gaping at the lady in the swing.
In the palace of Mrs. Phlaccus, at Professor Channing-Cheetah's
He laughed like an irresponsible fœtus.
His laughter was submarine and profound
Like the old man of the sea's
Hidden under coral islands
Where worried bodies of drowned men drift down in the green silence,
Dropping from fingers of surf.

I looked for the head of Mr. Apollinax rolling under a chair
Or grinning over a screen
With seaweed in its hair.
I heard the beat of centaur's hoofs over the hard turf
As his dry and passionate talk devoured the afternoon.
«He is a charming man» – «But after all what did he mean?» –
«His pointed ears... He must be unbalanced.» –
«There was something he said that I might have challenged.»
Of dowager Mrs. Phlaccus, and Professor and Mrs. Cheetah
I remember a slice of lemon, and a bitten macaroon.

MR. APOLLINAX

Ω τῆς καινότητος. Ἡράκλεις, τῆς παραδοξολογίας.
εὐμήχανος ἄνθρωπος.

Luciano

Cuando Mr. Apollinax visitó Estados Unidos
su risa tintineaba entre las tazas de té.
Me acordé de Fragilion, esa tímida figura entre abedules,
y de Príapo en los matorrales
boquiabierto con la dama en el columpio.
En el palacio de Mrs. Phlaccus, en casa del profesor Channing-Cheetah,
se reía como un feto irresponsable.
Su risa era submarina y profunda
como la del viejo del mar
oculto bajo islas de coral
donde tristes cuerpos de ahogados van a la deriva en el silencio verde,
escurriéndose entre los dedos del oleaje.

Busqué la cabeza de Mr. Apollinax rodando bajo una silla
o sonriendo sobre una pantalla
con algas en el pelo.
Oí el tambor de las patas de centauro sobre el duro pasto
mientras su sobria y apasionada charla devoraba la tarde.
«Es un hombre encantador»… «Pero ¿qué quería decir en realidad?»
«Esas orejas en punta… Debe de estar desequilibrado.»
«Hubo algo que dijo que debería haberle rebatido.»
De la señora viuda Mrs. Phlaccus y del profesor y de Mrs. Cheetah
recuerdo una rodaja de limón y una galleta mordida.

HYSTERIA

As she laughed I was aware of becoming involved in her laughter and being part of it, until her teeth were only accidental stars with a talent for squad-drill. I was drawn in by short gasps, inhaled at each momentary recovery, lost finally in the dark caverns of her throat, bruised by the ripple of unseen muscles. An elderly waiter with trembling hands was hurriedly spreading a pink and white checked cloth over the rusty green iron table, saying: «If the lady and gentleman wish to take their tea in the garden, if the lady and gentleman wish to take their tea in the garden...» I decided that if the shaking of her breasts could be stopped, some of the fragments of the afternoon might be collected, and I concentrated my attention with careful subtlety to this end.

HISTERIA

Cuando ella reía me veía de pronto envuelto en su risa y formaba parte de ella, hasta que sus dientes no eran más que fortuitas estrellas con talento para la instrucción de ejércitos. Fui arrastrado por breves jadeos, inhalados en cada recuperación instantánea, perdido finalmente en las oscuras cavernas de su garganta, golpeado por las ondas de invisibles músculos. Un camarero mayor con manos temblorosas estaba poniendo deprisa un mantel a cuadros blancos y rosas sobre una oxidada mesa de hierro verde, diciendo: «Si la señora y el caballero desean tomar el té en el jardín, si la señora y el caballero desean tomar el té en el jardín...». Decidí que si la agitación de sus pechos podía pararse, se podrían recoger algunos de los añicos de la tarde, y con cuidadosa sutileza puse toda mi atención a tal fin.

CONVERSATION GALANTE

I observe: «Our sentimental friend the moon!
Or possibly (fantastic, I confess)
It may be Prester John's balloon
Or an old battered lantern hung aloft
To light poor travellers to their distress.»
　　She then: «How your digress!»

And I then: «Someone frames upon the keys
That exquisite nocturne, with which we explain
The night and moonshine; music which we seize
To body forth our own vacuity.»
　　She then: «Does this refer to me?»
　　«Oh no, it is I who am inane.»

«You, madam, are the eternal humorist,
The eternal enemy of the absolute,
Giving our vagrant moods the slightest twist!
With your air indifferent and imperious
At a stroke our mad poetics to confute –»
　　And – Are we then so serious?»

CONVERSATION GALANTE

Observo: «¡Nuestra sentimental amiga la luna!
o posiblemente (fantástico, debo confesar)
sea el balón del Preste Juan
o un viejo y maltrecho farol colgado en lo alto
para alumbrar a los pobres viajeros hacia su angustia».
  Ella tercia: «¡Venga divagar!».

Y luego yo: «Alguien compone sobre las teclas
ese exquisito nocturno con el que explicamos
la noche y la luz de luna; música que adoptamos
para dar cuerpo a nuestro propio vacío».
  Ella tercia: «¿Se refiere a mí?».
  «Oh no, soy yo el vacuo.»

«¡Usted, señora, es la eterna cómica,
la eterna enemiga de lo absoluto,
dando a nuestros ánimos errantes la más delicada vuelta!
Con su aire indiferente e imperioso
de un golpe nuestra loca poética refuta…»
  Entonces «¿Lo decimos en serio?».

LA FIGLIA CHE PIANGE

O quam te memorem, virgo...

Stand on the highest pavement of the stair –
Lean on a garden urn –
Weave, weave the sunlight in your hair –
Clasp your flowers to you with a pained surprise –
Fling them to the ground and turn
With a fugitive resentment in your eyes:
But weave, weave the sunlight in your hair.

So I would have had him leave,
So I would have had her stand and grieve,
So he would have left
As the soul leaves the body torn and bruised,
As the mind deserts the body it has used.
I should find
Some way incomparably light and deft,
Some way we both should understand,
Simple and faithless as a smile and shake of the hand.

She turned away, but with the autumn weather
Compelled my imagination many days,
Many days and many hours:
Her hair over her arms and her arms full of flowers.
And I wonder how they should have been together!
I should have lost a gesture and a pose.
Sometimes these cogitations still amaze
The troubled midnight and the noon's repose.

LA FIGLIA CHE PIANGE

O quam te memorem, virgo…

Ponte en lo más alto de la escalera,
inclínate ante una urna de jardín
–hila, hila la luz del sol en tu cabello.
Abraza tus flores con dolorosa sorpresa,
tíralas al suelo y vuélvete
con fugitivo resentimiento en los ojos:
–pero hila, hila la luz del sol en tu cabello.

Así lo habría dejado ir,
así la habría obligado a levantarse y llorar,
así se habría ido
como se va el alma del cuerpo roto y golpeado,
como la mente abandona el cuerpo usado.
Debería encontrar
alguna manera tan ligera y hábil,
una que los dos pudiéramos entender,
simple e infiel como una sonrisa y un apretón de manos.

Ella se dio la vuelta, pero con el tiempo de otoño
forzó mi imaginación durante muchos días,
muchos días y muchas horas:
el pelo sobre los hombros y los brazos con flores.
¡Y cómo pudieron estar juntos, me pregunto yo!
Habría perdido un gesto y una pose.
A veces estas meditaciones turban aún
el reposo de la siesta y la convulsa medianoche.

NOTAS A ESTA EDICIÓN DE *PRUFROCK*

Dedicatoria

Jean-Jules Verdenal fue un médico a quien Eliot conoció como estudiante en La Sorbona cuando vivió en París en 1910. Eliot y Verdenal vivían en la misma pensión de la calle Saint-Jacques, en la orilla izquierda, y compartían aficiones poéticas, especialmente el gusto por la poesía de Jules Laforgue (1860-1887). Verdenal murió en la primera guerra mundial, en los Dardanelos, en 1915, mientras atendía a un soldado herido. La crítica biográfica, siempre tan audaz, ha tratado, a lo largo del siglo XX, de ver en esa amistad algún componente sexual o amoroso, con resultados ciertamente embarazosos que incluso han sido utilizados para intentar esclarecer aspectos de *La tierra baldía*.

En la edición de 1925, Eliot le añadió a la dedicatoria los versos de Dante, pertenecientes al canto XXI del *Purgatorio* (vv. 133-136), en concreto a la escena en que Estacio se encuentra con Virgilio y, olvidando que ambos no son ya más que sombras, se lanza a abrazarlo como si pudiera sentir su cuerpo. Cuando se da cuenta de su error, Estacio se levanta y pronuncia los versos con que Eliot recuerda a su difunto amigo:

> *Comprenderás ahora*
> *cuánto amor por ti me quema,*
> *cuando olvido nuestra vanidad*
> *y trato la sombra como cosa sólida.*

La canción de amor de J. Alfred Prufrock

El poema, inaugural de la obra de Eliot y cuyo título inicial fue «Prufrock Among the Women» («Prufrock entre las mujeres»), se publicó por primera vez en junio de 1915 en la revista *Poetry*, a instancias de Ezra Pound, que había animado al poeta a establecerse en Londres y dedicarse a la poesía, como finalmente hizo, al tiempo que se casaba con Vivien Haigh-Wood, su primera esposa. Eliot empezó a componerlo en 1910 y lo terminó durante un viaje a Munich en el verano de 1911. Fue recogido en el volumen *Prufrock y otras observaciones* que publicó *The Egoist Press* en 1917. «Observaciones» fue el título que Harriet Monroe, editora de la revista *Poetry*, había puesto a algunos de los poemas del libro que habían sido previamente publicados en la revista.

El epígrafe es de Dante y pertenece al canto XXVII del *Infierno* (vv. 61-66), en concreto al parlamento de Guido de Montefeltro, hombre de guerra y luego franciscano, que se dispone a contar libremente su historia pues supone que Dante es también una sombra y que no podrá volver al mundo para revelarla. Guido pena en el infierno en forma de llama:

> *Si creyese que mi respuesta fuera*
> *para alguien que pudiera volver al mundo,*
> *esta llama estaría sin más quieta,*
> *pero puesto que nunca de este fondo*
> *no ha vuelto, según dicen, vivo alguno*
> *sin temor de infamia te respondo.*

En el v. 73, traduzco *ragged claws*, que hace referencia a las pinzas o quelas de un cangrejo, por «pinzas dentadas», que, aunque no sea exacto, remite más fácilmente a la imagen de cangrejo que en inglés suscita naturalmente la sinécdoque y que resultaría más ambiguo si se tradujera por «pinzas desiguales» o «pinzas punzantes».

Retrato de una dama

El poema, cuyo título evoca irónicamente la novela de Henry James, se publicó por primera vez en septiembre de 1915 en la revista neoyorquina *Others: A Magazine of the New Verse*, muy importante en la difusión de la obra de muchos poetas de la generación de Eliot. En 1917 se incluyó en *Prufrock y otras observaciones*. La dama del título parece que fue una señora de Boston, Adeleine Moffatt, que recibía a estudiantes de Harvard en su casa repleta de bibelots y cajitas y que también está presente, de algún modo, en «Prufrock» y «Conversation galante».

El epígrafe es de *El judío de Malta*, una obra de Christopher Marlowe (1564-1593) escrita en 1590.

Preludios

Antes de ser recogidos en *Prufrock y otras observaciones* (1917), esta suite de poemas, escrita hacia 1911, fue publicada en 1915 en la efímera pero notoria revista *Blast*, creada por el escritor y pintor Wyndham Lewis para fomentar el vorticismo, el fugaz ramalazo de vanguardia que unos pocos jóvenes ingleses sintieron en los años anteriores a la primera guerra mundial y del que Eliot, sin plegarse a ninguno de sus dogmas, imbuidos al principio por el futurismo de Marinetti, se hizo eco. En aquella época, Eliot compartía con los vorticistas la admiración por las ideas estéticas de T. E. Hulme (1883-1917), el poeta y ensayista que murió en la primera guerra mundial.

Rapsodia de una noche de viento

Como los «Preludios», este poema, antes de ser recopilado en *Prufrock*, apareció en el segundo y último número de *Blast*, publicado en 1915. El verso en francés, «La lune ne garde aucune rancune» («No guarda la luna ningún rencor»), es un trasunto de unos versos de Jules Laforgue en su poema «Complainte de cette bonne Lune»: «Là, voyons mam'zell la Lune / Ne gardons pas ainsi rancune» («Vemos ahí a la señorita Luna, no guardemos pues rencor»).

Mañana en la ventana

Se publicó por primera vez en la revista *Poetry*, en septiembre de 1916, antes de ser recopilado en *Prufrock*.

El *Boston Evening Transcript*

Se publicó por primera vez en octubre de 1915 en la revista *Poetry* y fue luego recopilado en *Prufrock*. El periódico del título fue un rotativo vespertino que se publicó en Boston desde 1830 hasta 1941.

La tía Helen

Publicado por primera vez en octubre de 1915 en la revista *Poetry* y recopilado luego en *Prufrock*.

La prima Nancy

Publicado por primera vez en octubre de 1915 en la revista *Poetry* y recopilado luego en *Prufrock*. Los Matthew y Waldo del penúltimo verso son, respectivamente, Matthew Arnold, el crítico y poeta victoriano, y Ralph Waldo Emerson, el poeta y filósofo trascendentalista norteamericano.

Mr. Apollinax

Publicado por primera vez en *Poetry* en septiembre de 1916 y recopilado luego en *Prufrock*. El poema trata en realidad de la estancia de Bertrand Russell como profesor invitado en Harvard, en marzo y abril de 1914, siendo Eliot aún estudiante. Al parecer, a Russell le irritaron las maneras y el esnobismo de muchos profesores y anfitriones de la alta sociedad bostoniana, siempre intentando parecer inglesa.

El epígrafe en griego es del *Zeuxis o Antíoco* de Luciano de Samóstata y puede traducirse así: «Oh, qué novedad. Por Heracles, qué paradoja. / Hombre ingenioso».

Histeria

Antes de ser recopilado en *Prufrock*, este poema se había publicado en 1915 en una antología hecha por Ezra Pound con la intención de promocionar la obra de Eliot en Inglaterra. La antología se tituló *Catholic Anthology* y fue publicada por Elkin Mathews. De Eliot, además de «Histeria», se publicaron «Prufrock», «Retrato de una dama», «El *Boston Evening Transcript*» y «La tía Helen», además de poemas del propio Pound, W. B. Yeats, Carl Sandburg o William Carlos Williams.

Conversation galante

Publicado en *Poetry* en septiembre de 1916 y recopilado luego en *Prufrock*. El Preste Juan es un legendario gobernante cristiano de Oriente.

La figlia che piange

Se publicó por primera vez en el número de septiembre de la revista *Poetry*, antes de ser recopilado en *Prufrock*. Durante su estancia en París, en 1911, Eliot decidió hacer un viaje por el norte de Italia y un amigo le conminó a ver, en un determinado museo, un bajorrelieve llamado *La figlia che piange*, que representaba a una joven con un ramo de flores llorando una muerte. Al parecer, Eliot fue incapaz de encontrar el bajorrelieve y la figura imaginada constituyó el estímulo del poema, que es en realidad una écfrasis de una imagen soñada.

El epígrafe es del primer libro de la *Eneida* de Virgilio, en concreto del episodio en que Eneas se encuentra con su madre, Venus, disfrazada de cazadora. Cuando Eneas oye su voz, le dice: «O quam te memorem, virgo? Namque haud tibi voltus / mortalis nec vox hominem sonat. O dea certe», que puede traducirse como «Oh, ¿cómo te llamas, joven? Ni tienes cara / de mortal ni suena tu voz humana. Oh, ciertamente eres una diosa».

LA TIERRA BALDÍA

Nam Sibyllam quidem Cumis ego ipse oculis meis vidi in ampulla pendere, et cum illi pueri dicerent Σίβυλλα τί θέλεις; respondebat illa ἀποθανεῖν θέλω.

Para Ezra Pound,
il miglior fabbro

I. THE BURIAL OF THE DEAD

April is the cruellest month, breeding
Lilacs out of the dead land, mixing
Memory and desire, stirring
Dull roots with spring rain.
Winter kept us warm, covering
Earth in forgetful snow, feeding
A little life with dried tubers.
Summer surprised us, coming over the Starnbergersee
With a shower of rain; we stopped in the colonnade,
10   And went on in sunlight, into the Hofgarten,
And drank coffee, and talked for an hour.
Bin gar keine Russin, stamm' aus Litauen, echt deutsch.
And when we were children, staying at the archduke's,
My cousin's, he took me out on a sled,
And I was frightened. He said, Marie,
Marie, hold on tight. And down we went.
In the mountains, there you feel free.
I read, much of the night, and go south in the winter.

What are the roots that clutch, what branches grow
20   Out of this stony rubbish? Son of man,
You cannot say, or guess, for you know only
A heap of broken images, where the sun beats,
And the dead tree gives no shelter, the cricket no relief,
And the dry stone no sound of water. Only
There is shadow under this red rock,
(Come in under the shadow of this red rock),
And I will show you something different from either
Your shadow at morning striding behind you
Or your shadow at evening rising to meet you;
30   I will show you fear in a handful of dust.
               Frisch weht der Wind
               Der Heimat zu
               Mein Irisch Kind,
               Wo weilest du?

I. EL ENTIERRO DE LOS MUERTOS

Abril es el más cruel de los meses, pues engendra
lilas en el campo muerto, confunde
memoria y deseo, revive
yertas raíces con lluvia de primavera.
El invierno nos dio calor, cubriendo
la tierra con nieve sin memoria, alimentando
un hilo de vida con tubérculos secos.
El verano nos sorprendió llegando al Starnbergersee
con un golpe de lluvia; nos refugiamos en los soportales
10   y ya con el sol seguimos hasta el Hofgarten,
y nos tomamos un café y estuvimos charlando una hora.
Bin gar keine Russin, stamm' aus Litauen, echt deutsch.
Y cuando éramos niños, estando en casa del archiduque,
él, que era mi primo, me llevó en trineo
y tuve mucho miedo. Dijo: Marie,
Marie, agárrate fuerte. Y abajo que fuimos.
Allá en las montañas te sientes libre.
Leo, buena parte de la noche, y voy al sur en invierno.

¿Cuáles son las raíces que agarran, qué ramas crecen
20   en esta basura pétrea? Hijo del hombre,
no puedes saberlo ni imaginarlo, pues conoces solo
un montón de imágenes rotas, donde el sol bate,
y el árbol muerto no da sombra, ni el grillo alivia,
ni hay rumor de agua en la piedra seca. Solo
hay sombra bajo esta roca roja
(ven a la sombra de esta roca roja)
y te mostraré algo diferente
tanto de tu sombra por la mañana corriendo tras de ti
como de tu sombra por la tarde alargándose hacia ti.
30   Te mostraré el miedo en un puñado de polvo.
                 Frisch weht der Wind
                 Der Heimat zu
                 Mein Irisch Kind,
                 Wo weilest du?

«*You gave me hyacinths first a year ago;*
They called me the hyacinth girl.»
– Yet when we came back, late, from the Hyacinth garden,
Your arms full, and your hair wet, I could not
Speak, and my eyes failed, I was neither
40   *Living nor dead, and I knew nothing,*
Looking into the heart of light, the silence.
Oed' und leer das Meer.

Madame Sosostris, famous clairvoyante,
Had a bad cold, nevertheless
Is known to be the wisest woman in Europe,
With a wicked pack of cards. Here, said she,
Is your card, the drowned Phoenician Sailor,
(Those are pearls that were his eyes. Look!)
Here is Belladonna, the Lady of the Rocks,
50   *The lady of situations.*
Here is the man with three staves, and here the Wheel,
And here is the one-eyed merchant, and this card,
Which is blank, is something he carries on his back,
Which I am forbidden to see. I do not find
The Hanged Man. Fear death by water.
I see crowds of people, walking round in a ring.
Thank you. If you see dear Mrs. Equitone,
Tell her I bring the horoscope myself:
One must be so careful these days.

60   *Unreal City,*
Under the brown fog of a winter dawn,
A crowd flowed over London Bridge, so many,
I had not thought death had undone so many.
Sighs, short and infrequent, were exhaled,
And each man fixed his eyes before his feet.
Flowed up the hill and down King William Street,
To where Saint Mary Woolnoth kept the hours
With a dead sound on the final stroke of nine.
There I saw one I knew, and stopped him, crying «Stetson!
70   «*You who were with me in the ships at Mylae!*
«*That corpse you planted last year in your garden,*
«*Has it begun to sprout? Will it bloom this year?*
«*Or has the sudden frost disturbed its bed?*

«Fue hace un año cuando me diste jacintos por primera vez;
me llamaban la chica de los jacintos.»
–Pero cuando volvimos, tarde, del jardín de los jacintos,
tus brazos llenos y tu pelo mojado, no podía
hablar y la vista me fallaba, no estaba
40 ni vivo ni muerto, y no sabía nada,
mirando el alma de la luz, el silencio.
Oed' und leer das Meer.

Madame Sosostris, famosa vidente,
tenía un fuerte resfriado, sin embargo
es conocida como la mujer más sabia de Europa,
y tiene una baraja maldita. Aquí, dijo ella,
está tu carta, el marinero fenicio ahogado.
(Son perlas lo que eran sus ojos antes. ¡Mira!)
Aquí está Belladonna, la Señora de las Rocas,
50 la señora de las situaciones.
Aquí está el hombre con los tres bastos, y aquí la Rueda,
y aquí el mercader tuerto, y esta carta,
que está en blanco, es algo que lleva a la espalda
y que me está vedado ver. No encuentro
el ahorcado. Temed la muerte por agua.
Veo multitudes caminando en torno a un anillo.
Gracias. Si ve a la buena de Mrs. Equitone,
dígale que traigo el horóscopo yo misma:
hay que ser tan prudente hoy en día.

60 Ciudad irreal,
bajo la neblina sepia del alba invernal,
una multitud fluía en el Puente de Londres; tantos,
nunca hubiera dicho que la muerte hubiera deshecho a tantos.
Exhalaban suspiros, cortos y espaciados,
y cada hombre fijaba los ojos ante los pies.
Fluían cuesta arriba y bajaban luego por King William Street
hasta donde Saint Mary Woolnoth daba las horas
con un sonido muerto en el repique final de las nueve.
Ahí vi a uno que conocía y le paré gritando: «¡Stetson!
70 ¡Eh, estábamos juntos en los barcos de Mylae!
Aquel cadáver que plantaste el año pasado en tu jardín,
¿ha empezado a brotar? ¿Florecerá este año?
¿O la repentina helada le ha malogrado el lecho?

«Oh keep the Dog far hence, that's friend to men,
«Or with his nails he'll dig it up again!
«You! hypocrite lecteur! – mon semblable, – mon frère!»

¡Ah, mantén alejado al Perro, que es amigo del hombre,
o lo desenterrará de nuevo con las pezuñas!
¡Tú, hypocrite lecteur, mon semblable, mon frère!».

II. A GAME OF CHESS

The Chair she sat in, like a burnished throne,
Glowed on the marble, where the glass
Held up by standards wrought with fruited vines
80 *From which a golden Cupidon peeped out*
(Another hid his eyes behind his wing)
Doubled the flames of sevenbranched candelabra
Reflecting light upon the table as
The glitter of her jewels rose to meet it,
From satin cases poured in rich profusion;
In vials of ivory and coloured glass
Unstoppered, lurked her strange synthetic perfumes,
Unguent, powdered, or liquid – troubled, confused
And drowned the sense in odours; stirred by the air
90 *That freshened from the window, these ascended*
In fattening the prolonged candle-flames,
Flung their smoke into the laquearia,
Stirring the pattern on the coffered ceiling.
Huge sea-wood fed with copper
Burned green and orange, framed by the coloured stone,
In which sad light a carved dolphin swam.
Above the antique mantel was displayed
As though a window gave upon the sylvan scene
The change of Philomel, by the barbarous king
100 *So rudely forced; yet there the nightingale*
Filled all the desert with inviolable voice
And still she cried, and still the world pursues,
«Jug Jug» to dirty ears.
And other withered stumps of time
Were told upon the walls; staring forms
Leaned out, leaning, hushing the room enclosed.
Footsteps shuffled on the stair.
Under the firelight, under the brush, her hair
Spread out in fiery points
110 *Glowed into words, then would be savagely still.*

II. UNA PARTIDA DE AJEDREZ

El sitial en que ella se sentaba, cual trono bruñido,
resplandecía en el mármol, donde el espejo
con soportes labrados de racimos de uva
80   entre los que asomaba un dorado Cupido
(tras su ala escondía otro sus ojos)
duplicaba las llamas de un candelabro de siete brazos
que reflejaba una luz en la mesa
a cuyo encuentro emergía el fulgor de sus joyas
en rica profusión vertidas con estuches de raso.
En frascos de marfil y cristal policromo,
destapados, fluían sus extraños perfumes sintéticos,
ungüentos, en polvo o líquidos; turbando, confundiendo
y ahogando los sentidos en aromas que ascendían
90   removidos por el frescor de la ventana,
aumentando las largas llamas de las velas
cuyo humo elevaban hasta el artesonado,
conmoviendo el dibujo de los techos encofrados.
Enormes troncos marinos llenos de cobre
ardían en verde y naranja, enmarcados por la coloreada piedra
en cuya triste luz un labrado delfín nadaba.
Como una ventana que diera a la escena silvestre,
sobre la repisa antigua se contemplaba
la mutación de Filomela, por el rey bárbaro
100   tan brutalmente forzada; pero allí el ruiseñor
llenaba el desierto con voz inviolable
y aún gritaba ella y aún busca el mundo,
«yag, yag» a oídos sucios.
Y de otros podridos tocones de tiempo
se hablaba en las paredes; formas que miran,
sobresalen, se inclinan, silencian la estancia cercada.
Rumor de pasos en la escalera.
Bajo la luz del fuego, bajo el cepillo, su cabello
transido de puntos ardientes
110   resplandecía en las palabras, luego salvaje se aquietaba.

«My nerves are bad to-night. Yes, bad. Stay with me.
«Speak to me. Why do you never speak. Speak.
  «What are you thinking of? What thinking? What?
«I never know what you are thinking. Think.»

I think we are in rats' alley
Where the dead men lost their bones.

  «What is that noise?»
          The wind under the door.
«What is that noise now? What is the wind doing?»
120   Nothing again nothing.
                              «Do
«You know nothing? Do you see nothing? Do you remember
«Nothing?»

I remember
Those are pearls that were his eyes.
«Are you alive, or not? Is there nothing in your head?»
                              But

O O O O that Shakespeherian Rag –
It's so elegant
130   So intelligent
«What shall I do now? What shall I do?»
I shall rush out as I am, and walk the street
«With my hair down, so. What shall we do tomorrow?
«What shall we ever do?»
                    The hot water at ten.
And if it rains, a closed car at four.
And we shall play a game of chess,
Pressing lidless eyes and waiting for a knock upon the door.

When Lil's husband got demobbed, I said –
140   I didn't mince my words, I said to her myself,
HURRY UP PLEASE ITS TIME
Now Albert's coming back, make yourself a bit smart.
He'll want to know what you done with that money he gave you
To get yourself some teeth. He did, I was there.
You have them all out, Lil, and get a nice set,
He said, I swear, I can't bear to look at you.

«Estoy mal de los nervios esta noche. Sí, mal. No te vayas.
Di algo. ¿Por qué no hablas nunca? Di.
        ¿En qué estás pensando? ¿Qué piensas? ¿Qué?
Nunca sé qué piensas. Piensa.»

Pienso que estamos en el callejón de las ratas
donde los muertos perdieron los huesos.

«¿Qué es ese ruido?»
                    El viento en la puerta.
«¿Y este otro ruido? ¿Qué hace el viento?»
120   Nada otra vez nada.
                                        «¿No
sabes nada? ¿No ves nada? ¿No recuerdas
nada?»

Recuerdo
son perlas lo que eran sus ojos antes.
«¿Estás vivo o muerto? ¿No tienes nada en la cabeza?»
                                        Pero
Oh oh oh oh ese Rag shakesperiano…
Es tan elegante
130   tan inteligente
«¿Qué hago yo ahora? ¿Qué voy a hacer?
Saldré así y caminaré por la calle
con el pelo suelto, así. ¿Qué vamos a hacer mañana?
¿Qué haremos a partir de ahora?»
                            Agua caliente a las diez.
Y si llueve, un coche con capota a las cuatro.
Y jugaremos una partida de ajedrez,
apretando los ojos sin párpados y esperando que llamen a la
                                            [puerta.

Cuando desmovilizaron al marido de Lil, le dije,
140   no tengo pelos en la lengua, se lo dije yo misma,
RÁPIDO POR FAVOR ES LA HORA
Ahora que Albert va a volver, arréglate un poco.
Querrá saber qué has hecho con el dinero que te dio
para que te pusieras dientes. Sí lo hizo, yo lo vi.
Te los quitas todos, Lil, y te pones una bonita dentadura.
Lo dijo, lo juro, no soporto mirarte.

99

And no more can't I, I said, and think of poor Albert,
He's been in the army four years, he wants a good time,
And if you don't give it him, there's others will, I said.
150 *Oh is there, she said. Something o' that, I said.*
Then I'll know who to thank, she said, and give me a straight look.
HURRY UP PLEASE ITS TIME
If you don't like it you can get on with it, I said.
Others can pick and choose if you can't.
But if Albert makes off, it won't be for lack of telling.
You ought to be ashamed, I said, to look so antique.
(And her only thirty-one.)
I can't help it, she said, pulling a long face,
It's them pills I took, to bring it off, she said.
160 *(She's had five already, and nearly died of young George.)*
The chemist said it would be alright, but I've never been the same.
You are a proper fool, I said.
Well, if Albert won't leave you alone, there it is, I said,
What you get married for if you don't want children?
HURRY UP PLEASE ITS TIME
Well, that Sunday Albert was home, they had a hot gammon,
And they asked me in to dinner, to get the beauty of it hot –
HURRY UP PLEASE ITS TIME
HURRY UP PLEASE ITS TIME
170 *Goonight Bill. Goonight Lou. Goonight May. Goonight.*
Ta ta. Goonight. Goonight.
Good night, ladies, good night, sweet ladies, good night, good night.

Yo tampoco, le dije, y piensa en el pobre Albert,
ha sido soldado cuatro años, querrá pasárselo bien,
y si tú no se lo das, habrá otras, le dije.
150 ¿Otras?, dijo. Probablemente, le dije.
Pues ya sabré a quién darle las gracias, me dijo, y se quedó
[mirándome.
RÁPIDO POR FAVOR ES LA HORA
Si no te gusta te aguantas, le dije.
Otras tienen dónde elegir si tú no puedes.
Pero si Albert se larga, no será porque yo no te haya avisado.
Debería darte vergüenza, le dije, verte tan ajada.
(Y solo tiene treinta y un años.)
No puedo evitarlo, dijo, con cara larga,
son las pastillas que tomé para expulsarlo, me dijo.
160 (Ya ha tenido cinco y casi se murió del pequeño George.)
El farmacéutico dijo que no pasaba nada, pero no he vuelto a ser
[la misma.
Eres tonta de remate, le dije.
Bueno, si Albert no te deja tranquila, a eso vamos, le dije,
¿para qué te casaste si no quieres niños?
RÁPIDO POR FAVOR ES LA HORA
Bien, ese domingo Albert ya estaba en casa, hicieron jamón
[cocido,
y me invitaron a cenar para que probara lo bueno que estaba.
RÁPIDO POR FAVOR ES LA HORA
RÁPIDO POR FAVOR ES LA HORA
170 Buenas noches Bill. Buenas noches Lou. Buenas noches May.
[Buenas noches.
Ala. Buenas noches. Buenas noches.
Buenas noches, señoras, buenas noches, dulces damas, buenas
[noches, buenas noches.

III. THE FIRE SERMON

The river's tent is broken: the last fingers of leaf
Clutch and sink into the wet bank. The wind
Crosses the brown land, unheard. The nymphs are departed.
Sweet Thames, run softly, till I end my song.
The river bears no empty bottles, sandwich papers,
Silk handkerchiefs, cardboard boxes, cigarette ends
Or other testimony of summer nights. The nymphs are departed.
180 *And their friends, the loitering heirs of city directors;*
Departed, have left no addresses.
By the waters of Leman I sat down and wept...
Sweet Thames, run softly till I end my song,
Sweet Thames, run softly, for I speak not loud or long.
But at my back in a cold blast I hear
The rattle of the bones, and chuckle spread from ear to ear.

A rat crept softly through the vegetation
Dragging its slimy belly on the bank
While I was fishing in the dull canal
190 *On a winter evening round behind the gashouse*
Musing upon the king my brother's wreck
And on the king my father's death before him.
White bodies naked on the low damp ground
And bones cast in a little low dry garret,
Rattled by the rat's foot only, year to year.
But at my back from time to time I hear
The sound of horns and motors, which shall bring
Sweeney to Mrs. Porter in the spring.
O the moon shone bright on Mrs. Porter
200 *And on her daughter*
They wash their feet in soda water
Et O ces voix d'enfants, chantant dans la coupole!

Twit twit twit
Jug jug jug jug jug jug

III. EL SERMÓN DEL FUEGO

El dosel del río se ha roto; los últimos dedos de follaje
tratan de agarrarse y se hunden en la orilla húmeda. El viento
atraviesa desoído la tierra parda. Las ninfas se han ido.
Fluye suave, dulce Támesis, hasta que mi canción acabe.
El río ya no lleva botellas vacías, papel de bocadillo,
pañuelos de seda, cajas de cartón, colillas
ni otros testigos de noches de verano. Las ninfas se han ido.
180   Y sus amigos, vagos herederos de ejecutivos de la City
—se han ido y no han dejado señas.
En la orilla del Leman me senté y lloré…
Fluye suave, dulce Támesis, hasta que mi canción acabe,
fluye suave, dulce Támesis, pues no hablo alto ni extenso.
Pero a mi espalda en un golpe frío oigo
un estallido de risa muda y la percusión de huesos.

Una rata se deslizó en la vegetación
fregando el vientre viscoso en la orilla
mientras estaba yo pescando en el canal sombrío
190   una tarde de invierno ahí tras la fábrica de gas
pensando en el naufragio de mi hermano el rey
y en la muerte de mi padre el rey antes de él.
Blancos cuerpos desnudos en el suelo bajo y húmedo
y huesos echados en un desván seco y exiguo
cada año revueltos por pasos de rata tan solo.
Pero a mi espalda de vez en cuando oigo
el fragor de bocinas y motores, que en primavera
llevarán a Sweeney con Mrs. Porter.
Cómo brillaba la luna en Mrs. Porter
200   y en su hija
los pies se lavaban con agua de soda
Et O ces voix d'enfants, chantant dans la coupole!

Twit twit twit
Yag yag yag yag yag yag

So rudely forc'd.
Tereu

Unreal City
Under the brown fog of a winter noon
Mr. Eugenides, the Smyrna merchant
210 *Unshaven, with a pocket full of currants*
C.i.f. London: documents at sight,
Asked me in demotic French
To luncheon at the Cannon Street Hotel
Followed by a weekend at the Metropole.

At the violet hour, when the eyes and back
Turn upward from the desk, when the human engine waits
Like a taxi throbbing waiting,
I Tiresias, though blind, throbbing between two lives,
Old man with wrinkled female breasts, can see
220 *At the violet hour, the evening hour that strives*
Homeward, and brings the sailor home from sea,
The typist home at teatime, clears her breakfast, lights
Her stove, and lays out food in tins.
Out of the window perilously spread
Her drying combinations touched by the sun's last rays,
On the divan are piled (at night her bed)
Stockings, slippers, camisoles, and stays.
I Tiresias, old man with wrinkled dugs
Perceived the scene, and foretold the rest –
230 *I too awaited the expected guest.*
He, the young man carbuncular, arrives,
A small house agent's clerk, with one bold stare,
One of the low on whom assurance sits
As a silk hat on a Bradford millionaire.
The time is now propitious, as he guesses,
The meal is ended, she is bored and tired,
Endeavours to engage her in caresses
Which still are unreproved, if undesired.
Flushed and decided, he assaults at once;
240 *Exploring hands encounter no defence;*
His vanity requires no response,
And makes a welcome of indifference.
(And I Tiresias have foresuffered all

Tan brutalmente forzada.
Tereo

Ciudad irreal
bajo la neblina sepia de un mediodía de invierno
Mr. Eugenides, el mercader de Esmirna
210   sin afeitar, con un bolsillo lleno de pasas
(C.i.f. Londres: documentos a la vista),
me propuso en un francés demótico
comer en el Cannon Street Hotel
y pasar luego un fin de semana en el Metropole.

En la hora violeta, cuando los ojos y la espalda
se levantan de la mesa, cuando el motor humano aguarda
como un taxi resollando en espera,
yo, Tiresias, aunque ciego, resollando entre dos vidas,
viejo con arrugados pechos de mujer, puedo ver,
220   en la hora violeta, la hora del atardecer que se afana
hacia casa, y a casa devuelve del mar al marinero,
a casa la secretaria para el té, que retira el desayuno, enciende
el fogón y saca comida enlatada.
En la ventana se tienden peligrosas
sus combinaciones, secándose con el último sol,
se apilan en el diván (cama, de noche)
medias, zapatillas, camisas y sujetadores.
Yo, Tiresias, viejo de arrugadas tetas,
contemplé la escena y predije el resto
230   —aguardaba también al huésped anunciado.
Él, joven forunculoso, llega,
empleado de una pequeña agencia, con mirada altiva,
uno de esos advenedizos tan arrogantes
como un sombrero de copa en un nuevo rico de Bradford.
El momento es ya propicio, imagina,
la cena terminada, ella aburrida y cansada,
intenta atraerla con caricias
que si bien no desea, aún no rechaza.
Sofocado y decidido, se abalanza de golpe;
240   las manos exploran sin obstáculo,
su vanidad no requiere respuesta
y acepta con gusto la indiferencia.
(Y yo Tiresias todo lo he sufrido de antemano,

Enacted on this same divan or bed;
I who have sat by Thebes below the wall
And walked among the lowest of the dead.)
Bestows one final patronising kiss,
And gropes his way, finding the stairs unlit...

She turns and looks a moment in the glass,
250 *Hardly aware of her departed lover;*
Her brain allows one half-formed thought to pass:
«Well now that's done: and I'm glad it's over.»
When lovely woman stoops to folly and
Paces about her room again, alone,
She smoothes her hair with automatic hand,
And puts a record on the gramophone.

«This music crept by me upon the waters»
And along the Strand, up Queen Victoria Street.
O City city, I can sometimes hear
260 *Beside a public bar in Lower Thames Street,*
The pleasant whining of a mandoline
And a clatter and a chatter from within
Where fishmen lounge at noon: where the walls
Of Magnus Martyr hold
Inexplicable splendour of Ionian white and gold.

        The river sweats
        Oil and tar
        The barges drift
        With the turning tide
270   *Red sails*
        Wide
        To leeward, swing on the heavy spar.
        The barges wash
        Drifting logs
        Down Greenwich reach
        Past the Isle of Dogs.
                Weialala leia
                Wallala leialala

        Elizabeth and Leicester
280   *Beating oars*

todo lo ocurrido en esta cama o diván,
yo que me senté a los pies del muro de Tebas
y caminé entre los muertos más profundos.)
Concede un último e indulgente beso,
busca a tientas la puerta, no hay luz en el rellano…

Ella se vuelve y se mira un momento en el espejo,
250   apenas consciente del amante que se aleja;
su mente consiente medio pensamiento:
«Bueno, ya está: me alegro de que haya pasado».
Cuando bella mujer pierde la cabeza
y pasea luego por su cuarto a solas,
se alisa el pelo sin darse cuenta
y pone un disco en la gramola.

«Me seguía esa música sobre las aguas»
y a lo largo del Strand, Queen Victoria Street arriba.
Oh, ciudad, ciudad, oigo a veces
260   al lado de un pub en Lower Thames Street
el dulce lamento de una mandolina
y el ruido y la cháchara adentro
donde los pescaderos se distraen a mediodía: donde los muros
de Magnus Martyr albergan
un misterioso esplendor de jónicos blanco y oro.

        El río suda
        aceite y brea
        las barcas derivan
        con el cambio de marea
270   velas rojas
        grandes
        a sotavento, ríen en el mástil.
        Las barcas barren
        troncos flotantes
        Greenwich Reach abajo
        la Isle of Dogs pasada.
            Weialala leia
            Wallala leialala

        Elizabeth y Leicester
280   batiendo remos

The stern was formed
A gilded shell
Red and gold
The brisk swell
Rippled both shores
Southwest wind
Carried down stream
The peal of bells
White towers

290   *Weialala leia*
                        Wallala leialala

«*Trams and dusty trees.*
Highbury bore me. Richmond and Kew
Undid me. By Richmond I raised my knees
Supine on the floor of a narrow canoe.»

«*My feet are at Moorgate, and my heart*
Under my feet. After the event
He wept. He promised "a new start".
I made no comment. What should I resent?»

300   «*On Margate Sands.*
I can connect
Nothing with nothing.
The broken fingernails of dirty hands.
My people humble people who expect
Nothing.»
                la la

To Carthage then I came

Burning burning burning burning
O Lord Thou pluckest me out
310   *O Lord Thou pluckest*

burning

la popa formaba
una concha dorada
rojo y oro
el agua picada
en las ribas olea
viento del sudoeste
corriente abajo engolfaba
el repique de campanas
torres blancas
290   Weialala leia
                              Wallala leialala

«Tranvías y sucias ramas.
Highbury me alumbró. Richmond and Kew
me deshizo. En Richmond me alcé de rodillas
supina en el fondo de una estrecha canoa.»

«Tengo los pies en Moorgate y el corazón
bajo los pies. Tras el suceso
él lloró y prometió "un nuevo comienzo".
No hice ningún comentario. ¿A qué reprochárselo?»

300 «En Margate Sands.
No puedo conectar
nada con nada.
Las uñas rotas de manos sucias.
Mi gente sencilla gente que no espera
nada.»
         la la

Vine entonces a Cartago

Ardiendo ardiendo ardiendo ardiendo
Oh Señor tú me arrancas
310 Oh Señor tú arrancas

ardiendo

IV. DEATH BY WATER

Phlebas the Phoenician, a fortnight dead,
Forgot the cry of gulls, and the deep sea swell
And the profit and loss.
                                    A current under sea
Picked his bones in whispers. As he rose and fell
He passed the stages of his age and youth
Entering the whirlpool.
                                    Gentile or Jew
320 *O you who turn the wheel and look to windward,*
     Consider Phlebas, who was once handsome and tall as you.

IV. MUERTE POR AGUA

Flebas el fenicio, ya quince días muerto,
olvidó el grito de las gaviotas y la mar gruesa
y los beneficios y las pérdidas.
                    Una corriente submarina
arrastró sus huesos en susurros. Al levantarse y caerse
pasó todos los estadios de su edad y juventud
adentrándose en el remolino.
                    Gentil o judío
320   oh tú que giras la rueda y miras a barlovento,
considera a Flebas, que fue tan alto y guapo como tú.

V. WHAT THE THUNDER SAID

After the torchlight red on sweaty faces
After the frosty silence in the gardens
After the agony in stony places
The shouting and the crying
Prison and palace and reverberation
Of thunder of spring over distant mountains
He who was living is now dead
We who were living are now dying
330   With a little patience

Here is no water but only rock
Rock and no water and the sandy road
The road winding above among the mountains
Which are mountains of rock without water
If there were water we should stop and drink
Amongst the rock one cannot stop or think
Sweat is dry and feet are in the sand
If there were only water amongst the rock
Dead mountain mouth of carious teeth that cannot spit
340   Here one can neither stand nor lie nor sit
There is not even silence in the mountains
But dry sterile thunder without rain
There is not even solitude in the mountains
But red sullen faces sneer and snarl
From doors of mudcracked houses
                      If there were water
   And no rock
   If there were rock
   And also water
350   And water
   A spring
   A pool among the rock
   If there were the sound of water only
   Not the cicada
   And dry grass singing

V. SEGÚN DIJO EL TRUENO

Tras la roja luz de antorcha en caras sudorosas
tras el silencio escarchado en los jardines
tras la agonía en los pedregales
los gritos y los llantos
prisión y palacio y reverbero
de trueno primaveral en montañas lejanas
Quien estaba vivo está ya muerto
nosotros vivíamos y estamos muriendo
330   con un poco de paciencia

Aquí no hay agua sino solo roca
roca sin agua y el camino de arena
el camino que serpentea arriba en las montañas
que son montañas de roca sin agua
si hubiera agua nos sentaríamos a beber
en medio de la roca no puede uno parar o pensar
seco está el sudor y los pies en la arena
si por lo menos hubiera agua entre la roca
muerta montaña con boca llena de caries que no puede escupir
340   uno no puede aquí estar ni yacer ni sentarse
no hay siquiera silencio en las montañas
sino seco trueno estéril sin lluvia
no hay siquiera soledad en las montañas
sino muecas en hoscas caras que gruñen
en puertas de casas de barro con grietas
                                  Si hubiera agua

        en vez de roca
        si hubiera roca
        y también agua
350   y agua
        un manantial
        una poza entre la roca
        si por lo menos se oyera el sonido del agua
        no la cigarra
        y la yerba seca cantando

But sound of water over a rock
Where the hermit-thrush sings in the pine trees
Drip drop drip drop drop drop drop
But there is no water

360 *Who is the third who walks always beside you?*
When I count, there are only you and I together
But when I look ahead up the white road
There is always another one walking beside you
Gliding wrapt in a brown mantle, hooded
I do not know whether a man or a woman
– But who is that on the other side of you?

What is that sound high in the air
Murmur of maternal lamentation
Who are those hooded hordes swarming
370 *Over endless plains, stumbling in cracked earth*
Ringed by the flat horizon only
What is the city over the mountains
Cracks and reforms and bursts in the violet air
Falling towers
Jerusalem Athens Alexandria
Vienna London
Unreal

A woman drew her long black hair out tight
And fiddled whisper music on those strings
380 *And bats with baby faces in the violet light*
Whistled, and beat their wings
And crawled head downward down a blackened wall
And upside down in air were towers
Tolling reminiscent bells, that kept the hours
And voices singing out of empty cisterns and exhausted wells.

In this decayed hole among the mountains
In the faint moonlight, the grass is singing
Over the tumbled graves, about the chapel
There is the empty chapel, only the wind's home.
390 *It has no windows, and the door swings,*
Dry bones can harm no one.
Only a cock stood on the rooftree

sino el agua resonante sobre una roca
donde canta el zorzal ermitaño en los pinares
Drip drop drip drop drop drop drop
pero no hay agua

360 ¿Quién es el tercero que camina siempre a tu lado?
Si cuento, solo estamos tú y yo juntos
pero cuando levanto la vista al camino blanco
siempre hay otro caminando a tu lado
escabulléndose envuelto en un manto marrón,
lleva capucha y no sé si es hombre o mujer
–pero ¿quién es ese a tu otro lado?

Qué es ese sonido alto en el aire
murmullo de maternal lamentación
quiénes son esas hordas encapuchadas pululando
370 en infinitas llanuras, tropezando en la tierra agrietada
circundada solo por el horizonte plano
Cuál ciudad en las montañas
cruje y se renueva y estalla en el aire violeta
torres que se derrumban
Jerusalén Atenas Alejandría
Viena Londres
Irreal

Una mujer se estiraba su larga cabellera negra
y arrancaba susurrante música de esas cuerdas
380 y murciélagos con cara de recién nacidos
en el aire violeta silbaban y batían las alas
reptaban cabeza abajo por un muro ennegrecido
y arriba en el aire había torres
tocando campanas evocadoras que daban las horas
y voces que cantan en cisternas vacías y pozos exhaustos.

En este hoyo pútrido entre las montañas
a la desvaída luz de la luna, la yerba canta
en lápidas rotas, allá por la capilla
está la capilla vacía, ya solo hogar del viento.
390 No hay ventanas y la puerta baila,
los huesos secos no hacen daño a nadie.
Solo un gallo había en lo alto del tejado

Co co rico co co rico
In a flash of lightning. Then a damp gust
Bringing rain

Ganga was sunken, and the limp leaves
Waited for rain, while the black clouds
Gathered far distant, over Himavant.
The jungle crouched, humped in silence.
400 *Then spoke the thunder*
DA
Datta: what have we given?
My friend, blood shaking my heart
The awful daring of a moment's surrender
Which an age of prudence can never retract
By this, and this only, we have existed
Which is not to be found in our obituaries
Or in memories draped by the beneficent spider
Or under seals broken by the lean solicitor
410 *In our empty rooms*
DA
Dayadhvam: I have heard the key
Turn in the door once and turn once only
We think of the key, each in his prison
Thinking of the key, each confirms a prison
Only at nightfall, aetherial rumours
Revive for a moment a broken Coriolanus
DA
Damyata: The boat responded
420 *Gaily, to the hand expert with sail and oar*
The sea was calm, your heart would have responded
Gaily, when invited, beating obedient
To controlling hands

                              I sat upon the shore
Fishing, with the arid plain behind me
Shall I at least set my lands in order?
London Bridge is falling down falling down falling down
Poi s'ascose nel foco che gli affina
Quando fiam uti chelidon – O swallow swallow
430 *Le Prince d'Aquitaine à la tour abolie*
These fragments I have shored against my ruins

Co co rico co co rico
En el vislumbre del relámpago. Y una ráfaga húmeda
trae lluvia de pronto

Bajo iba Ganga y las hojas mustias
esperaban lluvia, mientras negras nubes
se amasaban en la lejanía, sobre Himavant.
La jungla se encogió, agachada en silencio.
400 Y así habló el trueno
DA
Datta: ¿qué hemos dado?
Amigo mío, sangre que me sacude el corazón
la terrible osadía de un instante de rendición
que ni toda una era de prudencia podría reparar
por eso y solo por eso hemos existido
lo que no se hallará en nuestros obituarios
ni en recuerdos velados por la benéfica araña
o en sellos rotos por el flaco notario
410 en nuestras estancias vacías
DA
Dayadhvam: he oído cómo la llave
gira en la puerta una vez y una tan solo
pensamos en la llave, cada uno en su prisión
pensando en la llave, confirma cada uno una prisión
solo al caer la noche, rumores etéreos
reviven por un instante a un abatido Coriolano
DA
Damyata: La barca respondió
420 jovial a la mano experta con vela y remo
el mar estaba en calma, tu corazón hubiera respondido
jovial, como invitado, latiendo obediente
a manos gobernantes

                                   Me senté en la orilla
pescando, con la árida llanura a mi espalda
¿Pondré al menos orden en mis tierras?
El Puente de Londres se está cayendo cayendo cayendo
Poi s'ascose nel foco che gli affina
Quando fiam uti chelidon –oh golondrina golondrina
430 Le Prince d'Aquitaine à la tour abolie
Con estos fragmentos he soportado mis ruinas

Why then Ile fit you. Hieronymo's mad againe.
Datta. Dayadhvam. Damyata.
            Shantih shantih shantih

Bueno, os ayudaré. Jerónimo está loco otra vez.
Datta. Dayadhvam. Damyata.
Shantih shantih shantih

NOTAS DE T. S. ELIOT A *LA TIERRA BALDÍA*

No solo el título, sino la estructura y buena parte del simbolismo adicional del poema vinieron sugeridos por el libro de miss Jessie L. Weston sobre la leyenda del Grial: *From Ritual to Romance* (Cambridge). De hecho, es tanto lo que le debo que el libro de miss Weston puede aclarar las dificultades del poema mucho mejor de lo que mis notas pueden hacerlo; y lo recomiendo (aparte del gran interés que el libro tiene en sí mismo) a quien considere que tal aclaración del poema merece la pena. Con otra obra de antropología que ha influido profundamente a nuestra generación estoy, en general, también en deuda, me refiero a *La rama dorada*. He utilizado especialmente los dos volúmenes *Adonis, Attis, Osiris*. Cualquiera que esté familiarizado con estas obras reconocerá de inmediato en el poema ciertas referencias a ceremonias de vegetación.

I. El entierro de los muertos

v. 20. Compárese con Ezequiel II, i.

v. 23. Compárese con Eclesiastés XII, v.

v. 31. Véase *Tristán e Isolda*, I, vv. 5-8.

v. 42. Ibídem, III, v. 24.

v. 46. No conozco bien la exacta composición de la baraja del tarot, de la que obviamente me he apartado a conveniencia. El Ahorcado, personaje de la baraja tradicional, se adecua a mi propósito de dos maneras: porque se asocia en mi mente con el dios ahorcado de Frazer y porque lo asocio con la encapuchada figura en el pasaje de los discípulos de Emaús en la parte V. El marinero fenicio y el mercader aparecen más tarde; también las «multitudes» y la Muerte por Agua se ejecuta en la parte IV. Al hombre de los tres bastos (auténtico personaje del tarot) lo asocio, con cierta arbitrariedad, con el Rey Pescador en sí mismo.

v. 60. Compárese con Baudelaire:

> *Fourmillante cité, cité pleine de rêves,*
> *Où le spectre en plein jour raccroche le passant.*

v. 63. Compárese con *Inferno*, III, 55-57:

> *si lunga tratta*
> *di gente, ch'i' non averei mai creduto*
> *che morte tanta n'avesse disfatta.*

v. 64. Compárese con *Inferno*, IV, 25-27:

> *Quivi, secondo che per ascoltare,*
> *non avea pianto mai che di sospiri*
> *che l'aura etterna facevan tremare.*

v. 68. Un fenómeno que he notado a menudo.

v. 74. Compárese con la canción fúnebre en *El diablo blanco* de Webster.

v. 76. Véase Baudelaire, Prefacio a *Les fleurs du mal*.

II. Una partida de ajedrez

v. 77. Compárese con *Antonio y Cleopatra*, II, ii, v. 190.

v. 92. Laquearia. Véase *Eneida*, I, 726:

> *dependent lychni laquearibus aureis*
> *incensi et noctem flammis funalia vincunt.*

v. 98. La escena silvestre. V. Milton, *El paraíso perdido*, IV, 140.

v. 99. Véase Ovidio, *Metamorfosis*, VI, Filomela.

v. 100. Compárese con parte III, v. 204.

v. 115. Compárese con parte III, v. 195.

v. 118. Compárese con Webster: «¿Está el viento en esa puerta aún?».

v. 126. Compárese con parte I, v. 37, 48.

v. 138. Compárese con la partida de ajedrez en *Women Beware Women* de Middleton.

III. El sermón del fuego

v. 176. Véase Spenser, «Prothalamion».

v. 192. Compárese con *La tempestad*, I, ii.

v. 196. Compárese con Marvell, «To His Coy Mistress».

v. 197. Compárese con Day, *Parliament of Bees*:

> *Cuando atento escuches de pronto*
> *un ruido de cuernos y caza, que traerá*
> *a Acteon con Diana en primavera,*
> *cuando todos verán su piel desnuda…*

v. 199. No conozco el origen de la balada de la que proceden estos versos: me la refirieron como procedente de Sidney, Australia.

v. 202. Véase Verlaine, *Parsifal*.

v. 210. El precio de las pasas incluía «coste, seguro y transporte hasta Londres»; y el conocimiento de embarque, etcétera, se daba al comprador después del pago de un giro a la vista.

v. 218. Tiresias, aunque es un mero espectador y no propiamente un protagonista, es no obstante el personaje más importante del poema y el que vertebra a todos los demás. Del mismo modo que el mercader tuerto, vendedor de pasas, se confunde con el marinero fenicio, y éste no se diferencia del todo de Fernando, príncipe de Nápoles, todas las mujeres son una sola mujer y ambos sexos se reúnen en Tiresias. Lo que *ve* Tiresias es, de hecho, la sustancia del poema. El pasaje entero de Ovidio tiene un gran interés antropológico:

> ... *Cum Iunone iocos et «maior vestra profecto est*
> *Quam quae contingit maribus», dixisse, «voluptas».*
> *Illa negat; placuit quae sit sententia docti*
> *Quarere Tiresiae: Venus huic erat utraque nota.*
> *Nam duo magnorum viridi coeuntia silva*
> *Corpora serpentum baculi violaverat ictu*
> *Deque viro factus, mirabile, femina septem*
> *Egerat autumnos; octavo rursus eosdem*
> *Vidit et «est vestrae si tanta potentia plagae»,*
> *Dixit «ut auctoris sortem in contraria mutet,*
> *Nunc quoque vos feriam!» percussis anguibus isdem*
> *Forma prior rediit genetivaque venit imago.*
> *Arbiter hic igitur sumptus de lite iocosa*
> *Dicta Iovis firmat; gravius Saturnia iusto*
> *Nec pro materia fertur doluisse suique*
> *Iudicis aeterna damnavit lumina nocte,*
> *At pater omnipotens (neque enim licet inrita cuiquam*
> *Facta dei fecisse deo) pro lumine adempto*
> *Scire futura dedit poenamque levavit honore.*

v. 221. Quizás esto no corresponda exactamente a los versos de Safo, pero yo tenía en mente al pescador de bajura o de bote que regresa al anochecer.

v. 253. Véase Goldsmith, la canción en *El vicario de Wakefield*.

v. 257. Véase *La tempestad*, como antes.

v. 264. El interior de Saint Magnus Martyr es a mi juicio uno de los mejores interiores de Wren. Véase *The Proposed Demolition of Nineteen City Churches* (P. S. King & Son Ltd.).

v. 266. La canción de las (tres) hijas del Támesis empieza aquí. Desde el verso 292 hasta el 306 incluido hablan por turnos. Véase *Götterdämmerung*, III, i: las hijas del Rin.

v. 279. Véase Froude, *Elizabeth*, vol. I, cap. IV, carta de De Quadra al rey Felipe de España:

> Por la tarde estábamos en un barca, mirando los juegos en el río. [La reina] estaba sola con lord Robert y conmigo en la popa, cuando empezaron a decir tonterías, hasta tal punto que lord Robert al fin dijo que, puesto que yo estaba ahí, no había ninguna razón para que no se casaran si a la reina le placía.

v. 293. Compárese con *Purgatorio*, v. 133:

> *Ricorditi di me, che son la Pia;*
> *Siena mi fe', disfecemi Maremma.*

v. 307. Véase san Agustín, *Confesiones*: «Vine entonces a Cartago, donde un hervidero de amores profanos me cantaba en los oídos».

v. 308. El texto completo del Sermón del Fuego de Buda (que equivale en importancia al Sermón de la Montaña) del que provienen estas palabras, está traducido en el libro del difunto Henry Clarke Warren *Buddhism in Translation* (Harvard Oriental Series). Mr. Warren fue uno de los grandes pioneros del estudio del budismo en Occidente.

v. 309. Otra vez de las *Confesiones* de san Agustín. La ubicación de estos dos representantes del ascetismo oriental y occidental, así como la culminación de esta parte del poema, no es casual.

V. Según dijo el trueno

En la primera parte de la sección V, se utilizan tres asuntos: el viaje a Emaús, la aproximación a la Capilla Peligrosa (véase el libro de miss Wenton) y la presente decadencia de la Europa oriental.

v. 357. Es el *Turdus aonalaschkae pallasii*, el tordo ermitaño que he oído en la provincia de Quebec. Dice Chapman (*Handbook of Birds of Eastern North America*) que «le gusta habitar sobre todo en tierras boscosas y en rincones con matorrales. [...] Sus notas no son especialmente destacables en cuanto a variedad y volumen, pero en pureza y dulzura, así como en exquisita modulación, no tienen rival». Su «canción-goteo» es justamente célebre.

v. 360. Los versos siguientes fueron estimulados por el relato de una de las expediciones antárticas (he olvidado cuál, pero creo que es una de Shackleton): se decía que el grupo de exploradores, en el límite de sus fuerzas, tenía la constante ilusión de que había *un miembro más* de los que realmente se podía contar.

v. 367-377. Compárese con Hermann Hesse, *Blick ins Chaos*:

Schon ist halb Europa, schon ist zumindest der halbe Osten Europas auf dem Wege zum Chaos, fährt betrunken im heiligem Wahn am Abgrund entlang und singt dazu, singt betrunken und hymnisch wie Dmitri Karamasoff sang. Ueber diese Lieder lacht der Bürger beleidigt, der Heilige und Seher hört sie mit Tränen.

v. 402. «Datta, dayadhvam, damyata» (da, compadece, controla). La fábula del sentido del Trueno se encuentra en el *Brihadaranyaka-Upanishad*, 5, 1. Hay una traducción en el *Sechzig Upanishads des Veda*, de Deussen, p. 489.

v. 408. Compárese con Webster, *El diablo blanco*, V, vi:

... se casarán
antes de que el gusano horade tu mortaja, antes de que la araña
haga una fina cortina para tus epitafios.

v. 412. Compárese con *Inferno*, XXXIII, 46:

... ed io senti chiavar l'uscio di sotto
a l'orribile torre.

También con *Apariencia y realidad*, de F. H. Bradley, p. 346:

Mis sensaciones externas no son menos privadas para mi yo que mis pensamientos o mis sentimientos. En cualquiera de los casos, mi experiencia se inscribe dentro de mi propio círculo, un círculo cerrado al exterior; e, igual que con todos sus elementos, cada esfera es opaca a las otras que la rodean. [...] En resumen, considerada como una existencia que se revela a un alma, el mundo entero para cada uno es peculiar y privativo de esa alma.

v. 425. Véase Weston: *From Ritual to Romance*; capítulo dedicado al Rey Pescador.

v. 428. Véase *Purgatorio*, XXVI, 148.

> *«Ara vos prec per aquella valor*
> *que vos guida al som de l'escalina,*
> *sovenha vos a temps de ma dolor.»*
> *Poi s'ascose nel foco che gli affina.*

v. 429. Véase *Pervigilium Veneris*. Compárese con Filomela en las partes II y III.

v. 430. Véase el soneto de Gérard de Nerval «El desdichado».

v. 432: Véase *Spanish Tragedy* de Kyd.

v. 434. Shantih. Repetido como aquí, es la culminación formal de un *Upanishad*. «La paz que traspasa el entendimiento» es nuestro equivalente a esta palabra.

NOTAS A ESTA EDICIÓN DE *LA TIERRA BALDÍA*

En su primera nota, T. S. Eliot vincula la estructura y el título del poema a la lectura de *From Ritual to Romance*, de la medievalista inglesa Jessie L. Weston (*Del rito al romance*, Londres, 1920), un intento de esclarecer el origen de la leyenda del Rey Pescador o Rey Tullido, que ha sido herido en la ingle, sufre por ello impotencia y ha generado en su reino una esterilidad que solo terminará cuando aparezca una caballero capaz de curarle. La leyenda se transmitió en Europa gracias sobre todo a *El cuento del Grial* de Chrétien de Troyes, obra inacabada donde Perceval es el caballero salvador. Weston trató en su ensayo, muy influido por las especulaciones de sir James Frazer en *La rama dorada* y que Eliot también cita como influencia, de remontar los orígenes de la leyenda artúrica al mito celta de la tierra baldía y aun a viejos ritos de fertilidad que, según ella, yacían bajo el sustrato cristiano del grial y la lanza. Si bien las teorías de Weston han sido desechadas por los modernos antropólogos y mitógrafos –lo mismo, por cierto, que buena parte de las conclusiones de Frazer– importa tener en cuenta la cuestión del rito y el mito, aunque solo sea como detonante de la búsqueda poética. Cabe advertir, de todos modos, que en ningún caso la lectura de Weston o Frazer puede arrojar luz sobre detalles del poema, más allá de cuestiones seminales.

La rama dorada, el monumental esfuerzo de Frazer –doce volúmenes en su edición de 1915– por tratar de encontrar la llave de todas las mitologías, ejerció una hipnótica influencia en la generación de Eliot y aun en las posteriores. *El bosque sagrado* (1920), el libro de ensayos de Eliot contemporáneo de *La tierra baldía*, debe su título también a Frazer, en concreto a la leyenda del rey del bosque. Importantes fueron también para Eliot otros ritualistas cantabrigenses como Jane Harrison, F. M. Cornford o Gilbert Murray.

En cuanto al título, Eliot, tras haber descartado el provisional *He Do the Police in Different Voices* («Él hace de policía con distintas voces»), eligió *The Waste Land* por el mito celta de *Wasteland*. En esta edición nos hemos insertado en la costumbre de traducirlo por *La tierra baldía*. Joan Ferraté, en su versión comentada, lo tradujo en catalán como *La terra gastada* (Joan Ferraté, *Lectura de La terra gastada*, Barcelona, Edicions 62, 1977), acercando el original *waste* a su fuente etimológica del francés antiguo, donde *the waste land* es *le gaste pays* de Chrétien. Quizá *La tierra gastada* hubiera sido un título más acertado, pero también es verdad que «gastada» ha perdido en castellano la pristinidad que todavía conserva *waste* en inglés. Dejémoslo pues como estaba.

Epígrafe

Las líneas en latín y griego que preceden al poema son cita de *El Satiricón* de Petronio, en concreto unas palabras en boca de Trimalción que quieren decir lo siguiente:

Pues yo mismo, con mis propios ojos, vi a la Sibila de Cumas colgando de una botella y, cuando los niños le decían: Sibila, ¿qué quieres?, ella respondía: morir quiero.

Eliot probablemente pensaba en el libro VI de la *Eneida*, donde la Sibila de Cumas le dice a Eneas que tiene que encontrar una rama dorada para entrar en el inframundo, recuerdo a su vez del mito inaugural que da origen a la especulación de Frazer.

En el primer manuscrito, Eliot había elegido como epígrafe un fragmento de *El corazón de las tinieblas* de Joseph Conrad, en el que se relata la muerte de Kurtz y se da cuenta de sus últimas palabras («¡El horror, el horror!»). Durante el proceso de corrección y edición que llevó a cabo, Ezra Pound (véase la nota siguiente) sugirió a Eliot que Conrad no tenía suficiente peso o era demasiado tópico, observación que Eliot aceptó, aunque la muerte de Kurtz reaparecería en el epígrafe a *The Hollow Men* (*Los hombres huecos*; 1925).

Dedicatoria

Ezra Pound (1885-1972) fue la figura más influyente en la juventud de Eliot, sobre todo a partir de su domiciliación en Londres en 1914. Pound fue su descubridor, quien le animó a escribir y le promocionó a través del circuito de revistas de la época. La composición de *La tierra baldía* tuvo lugar entre 1920 y 1922 y se terminó en Lausanne, adonde el autor se había retirado para recuperarse de una crisis nerviosa, en noviembre y diciembre de 1921. A su regreso de Suiza, Eliot remitió desde París el manuscrito a Pound, quien lo sometió a una severa poda, con lo que Eliot volvió a elaborar todo el poema, dejándolo en los cuatrocientos treinta y cuatro versos de la versión publicada.

El poema vio la luz por primera vez en la revista que Eliot dirigía en Inglaterra, *The Criterion*, en octubre de 1922; en noviembre salió en Estados Unidos, primero en la revista *The Dial* y luego, en diciembre, la editorial Boni and Liveright publicó la primera edición con las notas del autor. En septiembre de 1923, Virginia y Leonard Woolf publicaron en la Hogarth Press la edición británica.

Eliot decidió regalarle el manuscrito con las anotaciones de Pound a John Quinn, un abogado y coleccionista de arte que, a instancias de Pound, había gestionado la publicación del poema en Estados Unidos. A la muerte de Quinn en 1924, el manuscrito pasó a su hermana y conoció un largo avatar que terminó en la Biblioteca Pública de Nueva York, donde en 1968 pudo ser encontrado por la viuda de Eliot, Valerie Eliot (1926-2012), que se encargó de publicar y editar una versión facsímil: T. S. Eliot, *The Waste Land. A Facsimile & Transcript of the Original Drafts Including the Annotations of Ezra Pound* (*La tierra baldía. Facsímil y transcripción de los esbozos originales incluyendo las anotaciones de Ezra Pound*; Faber & Faber, Londres, 1971).

Para la dedicatoria a Pound, Eliot cita el verso 117 del canto XXVI del *Purgatorio* de Dante, referido a Arnaut Daniel, «il miglior fabbro del parlar materno» («el mejor artesano del habla materna»), queriendo decir que fue el que mejor supo, entre los trovadores, cantar en lengua vulgar, plenamente emancipado del latín, como lo que quería hacer Dante con el italiano. Dante llega incluso al extremo de dar voz a Arnaut Daniel y hacerle hablar en provenzal, en unos versos que fueron muy importantes para Eliot y que se invocan al final de *La tierra baldía*. Véanse para ello las notas al verso 428.

Eliot puso la dedicatoria, de puño y letra, en un ejemplar que le regaló a Pound en 1923. Apareció impresa por primera vez en *Poems, 1909-1925*, la antología de poemas de Eliot que incluía *La tierra baldía*.

El entierro de los muertos

El título hace alusión al capítulo dedicado al rito fúnebre en el *Book of Common Prayer*, el libro de oraciones utilizado por la Iglesia anglicana.

v. 4. Es muy difícil captar en traducción el matiz de *dull* aplicado a una raíz. El adjetivo suele significar aburrimiento, letargo, flacidez, a la vez que remite a la atenuación del color y el brillo. Las asociaciones de la imagen pueden dispararse en muchas direcciones, pero hay que tener en cuenta la idea original de una raíz aletargada, rígida y oscura en la hiemal campiña inglesa, en contraposición, además, a las raíces que se hunden en la «basura pétrea» de la ciudad, según se dice en la estrofa siguiente. El adjetivo «yertas» quizá sea demasiado culto, comparado con el demótico *dull*, pero no se me ha ocurrido mejor solución.

v. 8. Starnbergersee: en alemán el lago Starnberger, a veinticinco kilómetros de Munich.

v. 10. Hofgarten es un parque del centro de Munich.

v. 12: «No soy rusa, vengo de Lituania, alemana de verdad.»

vv. 31-34. En sus notas, Eliot remite a *Tristán e Isolda*, la ópera que Richard Wagner compuso en 1865. Los versos dicen: «Fresco sopla el viento / hacia el hogar. / Mi criatura irlandesa, / ¿dónde te demoras?».

v. 41. En el original, Eliot dice «looking into the heart of light, the silence». Traduzco *heart* por «alma» porque «corazón» es palabra demasiado larga y suele arruinar casi todos los versos en los que aparece, sobre todo en traducciones de poesía inglesa.

v. 42. Eliot remite de nuevo a *Tristán e Isolda*: «Desolado y vacío el mar».

v. 46. Para gozar de esta estrofa –como el propio Eliot implícitamente admite en su innecesaria nota– no hace falta tener ningún conocimiento de la baraja del tarot, utilizada «a conveniencia» como generadora de imágenes –la mayoría inventadas– que luego cobran sentido en la ficción del poema entero. La intención es, además, evidentemente paródica. Basta fijarse en el nombre de Madame Sosostris.

v. 48. «Son perlas lo que eran sus ojos antes» es una de las imágenes y uno de los ritmos obsesivos de todo el poema, perfectamente incardinados en el engranaje general de agua, muerte, padre y canción que se va repitiendo a lo largo de la obra. El verso es de Shakespeare en *La tempestad*, I, ii. Se trata de una de las hipnóticas canciones de Ariel, el duende al servicio del mago Próspero, en concreto la que le canta a Fernando cuando éste cree que su padre ha muerto; equivocadamente y por una ilusión ordenada por Próspero y ejecutada por Ariel:

> *Full fathom five thy father lies;*
> *Of his bones are coral made;*
> *Those were pearls that were his eyes*
> *Nothing of him doth fade*
> *But doth suffer a sea change*
> *Into something rich and strange.*
> *Sea nymphs hourly ring his knell:*
> *Ding-dong*
> *Hark! Now I hear them – ding-dong bell.*

Es casi imposible no arruinarla en traducción:

> *A cinco brazas yace tu padre,*
> *de sus huesos el coral se hace,*
> *son perlas lo que eran sus ojos antes,*
> *nada de él se ha perdido*
> *mas sufre un cambio marino*
> *en algo extraño y rico.*
> *Nereidas en su tibia dan las horas:*
> *Ding-dong*
> *¿Las oyes?: ahí están– ding-dong-dang.*

v. 60. Eliot remite al poema de Charles Baudelaire «Les sept viellards» («Los siete viejos», 1859) y da dos versos que dicen:

> *Hormigueante ciudad, ciudad llena de sueños*
> *donde el espectro a pleno día agarra al viandante.*

v. 63. Eliot remite a los versos 55-57 del canto III del *Infierno*, cuando Dante ha cruzado las puertas del infierno y oye los primeros gritos y lamentos de los condenados:

tan larga corriente
de gente, que nunca hubiera creído
que la muerte hubiera deshecho a tantos.

v. 64. Eliot cita de nuevo a Dante, los versos 25-27 del canto IV del *Infierno*, cuando el poeta ha entrado en el primer círculo y oye las voces de los que han muerto sin ser bautizados:

Aquí, de acuerdo con lo que se oía,
no había lamento sino suspiros
que eterno el aire hacían temblar.

v. 70. Mylae o Milas, actual Milazzo, es una ciudad al norte de Sicilia, en cuyas costas tuvo lugar la primera batalla naval de las guerras púnicas, en el 260 a.C.

v. 74. Eliot evoca una canción fúnebre de *The White Devil* (*El diablo blanco*, 1612), de John Webster (1580-1635), un dramaturgo isabelino menor cuya métrica estudió muy detenidamente para investigar alternativas a la hegemonía de la dicción shakespeariana. La canción está en el acto V, escena IV, en boca de una madre enloquecida ante el cadáver de su hijo:

Call for the robin-red breast and the wren,
Since o'er shady groves they hover,
And with leaves and flowers do cover
The friendless bodies of unburied men.
Call unto his funeral dole
The ant, the field mousse, and the mole
To rear him hillocks that shall keep him warm,
And (when gay tombs are robbed) sustain no harm.
But keep the wolf far thence, that's foe to men,
For with his nails he'll dig them up again.

[Llamad al petirrojo y al gorrión
que sobre la umbría arboleda vuelan
y con hojas y flores recubren

los cuerpos que ningún amigo entierra.
Llamad a su fúnebre desfile
a la hormiga, el ratón y el topo,
que levanten colinas para darle calor
y (cuando roben tumbas) no sufra daño.
Pero alejad al lobo, que es enemigo del hombre,
pues con las pezuñas lo desenterrará de nuevo.]

v. 76. Eliot se refiere a un verso, ya muy célebre, de «Al lector», el primer poema de *Las flores del mal* (1857) de Baudelaire:

Tú, hipócrita lector, mi semejante, mi hermano.

Una partida de ajedrez

Como el propio Eliot indica en su nota al verso 138, el título procede de una escena de *Women Beware Women* (*Las mujeres vigilan a las mujeres*, 1624?) de Thomas Middleton (1580-1627), otro de los dramaturgos isabelinos menores a los que dedicó especial atención. En esa escena, en cuyo detalle no merece la pena detenerse, la partida de ajedrez funciona como metáfora de la seducción o incluso la violación de una mujer.

Para el tono elevado y aun pomposo, evidentemente irónico, de la primera estrofa, Eliot, según indica en su nota al verso 77, utilizó como modelo una tirada de *Antonio y Cleopatra* de Shakespeare (II, ii, 190) en la que Enobarbo narra cómo Cleopatra navegaba en el río Cidno rumbo a su primer y fatídico encuentro con Marco Antonio:

The barge she sat in, like a burnished throne,
Burned on the water: the poop was beaten gold;
Purple the sails, and so perfumed that
The winds were lovesick with them; the oars were silver,
Which to the tune of flutes kept stroke, and made
The water which they beat to follow faster,
As amorous of their strokes. For her own person,
It beggared all description: she did lie

In her pavilion, cloth-of-gold of tissue,
O'erpicturing that Venus where we see
The fancy outwork nature. On each side her
Stood pretty dimpled boys, like smiling Cupids,
With divers-coloured fans, whose wind did seem
To glow the delicate cheeks which they did cool,
And what they undid did.

Doy la versión de María Enriqueta González Padilla en Shakespeare, *Obra completa II, Tragedias,* Barcelona, Debolsillo, 2012, p. 802:

La barca en que iba sentada, cual bruñido trono,
resplandecía sobre el agua; la popa era de oro batido,
las velas, de púrpura, y tan perfumadas,
que los vientos languidecían de amor por ellas;
los remos eran de plata y se movían al compás
de la armonía de las flautas,
haciendo que el agua que golpeaban
los siguiera más aprisa, como enamorada de sus golpes.
En cuanto a su persona, toda descripción se queda corta.
Reclinada en su pabellón, hecho de brocado de oro,
excedía la pintura de esa Venus
donde vemos que la imaginación
sobrepuja a la naturaleza.
A cada lado de ella
había hermosos niños con hoyuelos,
cual sonrientes cupidos,
que agitaban abanicos de variados colores.
Su viento parecía dar brillo
a las delicadas mejillas que iban refrescando,
y hacer lo que ellos deshacían.

v. 92. En el original, Eliot utiliza el término latino *laquearia* (plural de *laquear*), que significa «artesonado». Para ello, remite a unos versos de la *Eneida,* I, 726-727:

cuelgan de los dorados artesonados fanales encendidos
y las llamas de la antorcha a la noche vencen.

v. 98. La escena silvestre de John Milton (1608-1674), según referencia Eliot en su nota, es la descripción del Edén, en *El paraíso perdido* (IV, 140), vista por Satán mientras se acerca para tentar a Eva, otra imagen presuntamente alegórica que nos prepara para el cambio de tono que tendrá lugar en la siguiente estrofa. La descripción de Milton, dicho sea como anécdota, se considera en Inglaterra la primera definición de un jardín inglés:

> *So on he fares, and to the border comes*
> *Of Eden, where delicious Paradise,*
> *Now nearer, Crowns with her enclosure Green,*
> *As with a rural mound the Champaign head*
> *Of a steep wilderness, whose hairy sides*
> *With thicket overgrown, grotesque and wild,*
> *Access denie'd; and over head up grew*
> *Insuperable highth of loftiest shade,*
> *Cedar, and Pine, and Fir, and branching Palm,*
> *A Silvan Scene, and as the ranks ascend*
> *Shade above shade, a woody Theatre*
> *Of Stateliest view.*

Que se puede traducir así:

> *Va caminando y llega al término*
> *del Edén, donde al delicioso Paraíso,*
> *ahora más cerca, corona con su cercado verdor,*
> *como una colina la campestre cabeza*
> *de un escarpado vergel, cuyos velludos costados*
> *frondosos, cavernosos y salvajes,*
> *la entrada impiden; y en su cumbre crecen*
> *a insuperable altura de elevada sombra,*
> *el cedro y el pino y el abeto y la palma,*
> *una escena silvestre, y como las hileras suben*
> *sombra con sombra, forman un teatro boscoso*
> *de panorámica vista.*

vv. 99-103. Eliot nos remite a las *Metamorfosis* de Ovidio (VI, 424-676) donde se cuenta el mito de Filomela, hermana de Procne, casada con

Tereo, héroe de Tracia. Tereo y Procne tenían un hijo llamado Itis. Procne echaba mucho de menos a su hermana Filomela y convenció a su marido para que la trajera de Atenas a Tracia. A su llegada, Tereo sucumbió a la belleza de Filomela y la violó; luego le cortó la lengua para que no pudiera acusarlo y la abandonó en el bosque. Tereo le dijo a su mujer que su hermana había muerto. Desde su prisión, Filomela tejió en un lienzo blanco su historia, que hizo llegar a Procne, quien, indignada, planeó venganza. Rescató a su hermana y las dos decidieron matar a Itis, el hijo que Procne había tenido con Tereo, desollaron su cadáver, lo cocinaron y se lo hicieron comer a su padre. Cuando Tereo hubo terminado, Filomela apareció con la cabeza de Itis y le hicieron saber que se lo había comido. Tereo persiguió a las asesinas, pero los dioses decidieron convertir a los tres humanos en aves. Tereo se transformó en abubilla, Filomela en ruiseñor y Procne en golondrina.

Eliot, siguiendo una tradición, representa el canto del ruiseñor con un «jug, jug», entendido como un resto aún de la queja de la violada contra el agresor y también como un eco sexual (de ahí «oídos sucios») y que apenas modifico fonéticamente por un «yag, yag».

v. 118. Eliot, en una nota un tanto solipsista, nos recuerda otra obra de John Webster (véase la nota al verso 74), en concreto *The Devil's Law Case* (*La causa del diablo*, III, ii, 148).

v. 120. Aunque Eliot no lo comenta en sus notas, es muy posible que en esta repetición de la palabra «nada» estuviera pensando en otra obra de Shakespeare, en concreto *El rey Lear* (1606), donde, desde el primer hasta el último acto, la palabra «nada» funciona como detonante de toda la tragedia. De hecho, el recuerdo de la música de la canción de Ariel en el verso 125 (véase al respecto la nota al verso 48) parece salvar momentáneamente al personaje de la desolación conyugal que le rodea, de esa «nada» que es la imposibilidad de elevación y de comunicación. En la edición facsímil del manuscrito editada por Valerie Eliot pueden rastrearse referencias evidentes a *El rey Lear*.

v. 128. El *ragtime* al que hace referencia es una canción popular de 1912, con letra de Gene Buck y Herman Ruby y música de David Stamper.

v. 141. Se trata de una frase formular, se entiende que dicha por un camarero en el pub, a punto de cerrar y donde tiene lugar la conversación.

v. 172. Este último verso evoca unas palabras de Ofelia, enloquecida tras cantar una canción y poco antes de ahogarse, en *Hamlet*, IV, v.

El sermón del fuego

El título, como indica Eliot en su nota al verso 308, procede de un sermón de Buda con el mismo título.

v. 176. Eliot concreta el origen de este verso en el «Prothalamion» (1596) del poeta isabelino Edmund Spenser (1552-1599), un epitalamio –un canto nupcial– donde se reitera «Sweet Themmes run softly, till I end my Song» («Dulce Támesis, fluye suave, hasta que mi canción acabe.»)

v. 180. La City es el distrito financiero de Londres, de ahí que deje la denominación original.

v. 182. Probablemente un eco del Salmo 137:

> *Junto a los ríos de Babel*
> *estábamos sentados y llorando,*
> *recordando a Sión.*

v. 185. Según indica Eliot en su nota al verso 196, esta imagen procede del poema «To His Coy Mistress» («A su recatada amante») del poeta metafísico Andrew Marvell:

> *But at my back I always hear*
> *Time's winged charriot hurrying near.*

Que puede traducirse como:

> *Pero a mi espalda no dejo de oír*
> *cómo el alado carro del tiempo acecha.*

vv. 191-192. Eliot señala de nuevo *La tempestad*, ahora el momento en que Fernando (I, ii, 388-393) oye por primera vez las canciones de Ariel y piensa en el naufragio de su padre Alonso, rey de Nápoles:

> *Where should this music be? I' the'air or th' earth?*
> *It sounds no more; and sure it waits upon*
> *Some god o' th' island. Sitting on a bank,*
> *Weeping again the King my father's wrack*
> *This music crept by me upon the waters,*
> *Allaying both their fury and my passion*
> *With its sweet air.*

Doy la versión de Marcelo Cohen y Graciela Speranza en Shakespeare, *Obra completa IV, Romances*, Debolsillo, Barcelona, 2012, p. 621:

> *¿De dónde viene esta música? ¿De la tierra*
> *o el aire? No se oye más; y seguramente sirve*
> *a un dios de la isla. Sentado en un ribazo,*
> *llorando el naufragio de mi padre, el rey,*
> *esta música onduló por las olas hasta mí,*
> *mitigando a un tiempo con dulzura*
> *su furia y mi pasión.*

v. 197. En su nota a este verso, Eliot nos remite al poema *The Parliament of Bees* (*El parlamento de las abejas*, 1641) del poeta isabelino John Day (1574-1640).

v. 198. Sweeney es uno de los personajes cómico-sórdidos, habitual de los prostíbulos, de la poesía anterior de Eliot, en concreto aparece en «Sweeney Erect» y «Sweeney Among the Nightingales» (*Poems*, 1920, un libro intermedio entre *Prufrock* y *La tierra baldía*). Aquí la relación de Sweeney con Mrs. Porter, probablemente dueña de un prostíbulo, parece una actualización irónica del mito de Diana y Acteón, aludido en el poema de Day. Acteón espió a Diana cuando se bañaba desnuda en un bosque y, como castigo, la diosa lo convirtió en ciervo y lo persiguió con una jauría de perros hasta despedazarlo. Lo cuenta Ovidio en las *Metamorfosis* (III, 198-252).

v. 202. Como indica Eliot, se trata del último verso del soneto de Paul Verlaine titulado «Parsifal» (1886) y se puede traducir como: «Ah y esas voces de niños cantando bajo la cúpula».

El poema hace referencia a *Parsifal* (1882), la ópera de Richard Wagner basada en el poema épico de Wolfram von Eschenbach sobre el mito artúrico del caballero Perceval y el Rey Pescador. Véase al respecto la nota sobre el título del poema.

v. 203. Eliot vuelve a recordar el canto del ruiseñor y la violación de Filomela. El término inglés *twit*, que se refiere al piar o al gorjeo de un ave, está suficientemente extendido en nuestra época como para tener que traducirlo por un embarazoso «pío pío» o «chui chui».

v. 211. C.i.f. es el acrónimo inglés de «cost, insurance and freight» (coste, seguro y cargamento), utilizado para el transporte de bienes.

v. 218. Según quiere la leyenda, un día Tiresias vio a unas serpientes apareándose, las golpeó para apartarlas y de pronto se convirtió en mujer. Siete años más tarde hizo lo mismo con otras serpientes y volvió a ser un varón. Al haber encarnado los dos sexos, fue solicitado para mediar en una discusión entre Hera y Zeus –Juno y Jove en Roma– acerca de quién gozaba más, si el hombre o la mujer. Tiresias contestó que la mujer sentía mucho más placer. Hera, indignada, le dejó ciego, pero Zeus le compensó otorgándole el don de la profecía. Desde entonces, Tiresias es un mediador entre los sexos, entre dioses y hombres y entre muertos y vivos.

En su nota, Eliot da la versión de Ovidio en las *Metamorfosis* (III, 316-338), que podemos traducir así:

> ... *divirtiéndose con Juno: «Vuestro placer es mayor*
> *que el que sentimos nosotros los varones», le dijo.*
> *Ella lo niega y acuerdan pedir el juicio al docto*
> *Tiresias, conocedor de una y otra Venus.*
> *Pues había visto a dos grandes serpientes acopladas*
> *en el bosque y con el bastón las golpeó*
> *y, oh maravilla, de hombre se hizo mujer*
> *durante siete otoños, al octavo las volvió a ver*
> *y dijo: «Si es tanta la fuerza de vuestro poder*

como para revertir la suerte del ejecutor,
ahora también os hiero». Golpeadas las serpientes,
recuperó la forma primera y cobró la imagen nativa.
Elegido pues como árbitro de la lid jocosa,
aprueba lo dicho por Jove; demasiado se dolió Saturnia
y fuera de medida condenó al juez a una noche eterna.
El padre omnipotente (no siendo lícito que los hechos
de un dios los deshaga otro) por la luz perdida
le da la visión del futuro y con la gloria alivia la pena.

v. 221. En su nota, Eliot se refiere a un fragmento (104.ª L-P) de Safo. Doy la versión de Joan Ferraté en *Líricos griegos arcaicos*, Barcelona, Seix Barral, 1968:

Estrella de la tarde, que a casa
llevas cuanto dispersó la Aurora clara:
llevas a casa a la oveja,
llevas a casa a la cabra,
y de la madre a la hija separas.

Puestos a encontrar asociaciones, hay también en esos versos algo que recuerda al final del poema «Requiem» (1887) de Robert Louis Stevenson:

Here he lies where he longed to be;
Home is the sailor, home from the sea,
And the hunter home from the hill.

Yace aquí donde quería estar;
vuelve a casa el marinero, a casa del mar
y a casa vuelve el cazador de la colina.

v. 253. Eliot nos remite a una canción que sale en *El vicario de Wakefield* (1762), la novela de Oliver Goldsmith (1730-1774):

When lovely woman stoops to folly,
And finds too late that men betray,

What charm can soothe her melancholy
What art can wash her guilt away?

[Cuando bella mujer pierde la cabeza
y tarde sabe que los hombres traicionan,
¿qué magia puede calmar su tristeza,
qué arte puede lavar su culpa?]

En la traducción, he intentado mantener ese giro irónico hacia la canción que el oído detecta en el original inglés.

v. 257. Véanse las notas a los versos 191-192.

v. 264. Sir Christopher Wren (1632-1723) fue un arquitecto y científico inglés, recordado sobre todo por su trabajo de reconstrucción de muchas iglesias de Londres tras el gran incendio de 1666, entre ellas la de Saint Magnus Martyr.

v. 266. Según dice Eliot en su nota, éstas son las canciones de las tres hijas del Támesis, que no sabemos quiénes son y que el propio Eliot compara con las ondinas de *El crepúsculo de los dioses* (1876) de Richard Wagner, cuyo canto es ese «weialala leia» que se repite en estos versos.

v. 279. La obra a la que hace referencia Eliot en su nota es *History of England from the Fall of Wolsey to the Death of Elizabeth* (*Historia de Inglaterra desde la caída de Wolsey hasta la muerte de Isabel*, 1856-1870) del historiador James Anthony Froude (1818-1894), en concreto al volumen titulado *Reign of Elizabeth* (*Reinado de Isabel*, 1863). Se trata de la reina Isabel I Tudor (1533-1603), llamada la reina virgen porque nunca se casó. Uno de sus muchos pretendientes fue Robert Dudley, primer conde de Leicester.

v. 293. Eliot nos remite de nuevo a Dante, al canto V del *Purgatorio* (vv. 130-136), a un célebre parlamento de una mujer llamada Pia dei Tolomei, a quien su marido, en el sur de la Toscana, encarceló, torturó y envenenó:

«Deh, quando tu sarai tornato al mondo,
e riposato della lunga via»,
seguitó il terzo spirito al secondo,
«ricorditi di me che son la Pia:
Siena mi fé; disfecemi Maremma:
salsi colui che 'nnanellata pria
disposando m'avea con la sua gemma.»

Que podemos traducir como:

[Cuando hayas vuelto al mundo
y descansado del largo viaje»,
siguió el tercer espíritu al segundo,
«acuérdate de mí que soy Pia:
Sienna me alumbró, me deshizo Maremma,
lo sabe aquel que me desposó
anillándome con su gema.]

v. 307. El pasaje de las *Confesiones* de san Agustín que cita aquí Eliot (III, i, I) trata básicamente sobre la satisfacción del deseo sexual.

v. 308. Eliot cita El Sermón del Fuego de Buda según la versión inglesa de Henry Clarke Warren (1854-1899) en *Buddhism in Translation* (*Budismo en traducción*, Cambridge, Harvard University Press, 1896).

Muerte por agua

En el manuscrito original, esta sección era mucho más larga y contenía imágenes del mar, sobre todo de la costa de Nueva Inglaterra. Durante el proceso de edición, Pound lo eliminó todo excepto esta última estrofa de Flebas, que es, de hecho, una adaptación de los últimos versos de un poema juvenil del propio Eliot titulado «Dans le restaurant» (1917), escrito en francés y publicado en el volumen *Poems* (1920). Eliot, muchos años más tarde, recicló muchas de las imágenes y reflexiones marinas eliminadas por Pound en el tercero de sus *Cuatro cuartetos* (1943), precisamente el dedicado al elemento del agua y titulado *The Dry Salvages*.

Según dijo el trueno

El título, según aclara el propio Eliot en su nota al verso 402, procede de la fábula del trueno que se encuentra en uno de los *Upanishads*, los libros sagrados hinduistas escritos en sánscrito. En concreto, la fábula aparece en el *Brihadaranyaka-Upanishad*, 5. Entre 1911 y 1913, Eliot estudió filosofía oriental en Harvard, sánscrito con el profesor James Woods y filología hindú con el profesor Charles Lanman. Descubrió así los *Upanishads* y también el *Bhagavad Gita*, el libro VI del *Mahabharata*, el gran poema épico hindú. Las dos obras ejercerían una honda influencia en su poesía. A pesar de que Eliot no da pistas de ello, resulta plausible ver, en la imagen del trueno así como en otras de esta última parte del poema, reminiscencias del Apocalipsis, como por ejemplo el momento en que Juan dice: «Después que los siete truenos hablaron, iba yo a escribir, pero oí una voz del cielo, que me decía: "Sella las cosas que han dicho los siete truenos y no las escribas"» (Apocalipsis 10, 4).

vv. 322-330. En esta primera estrofa parecen mezclarse varias referencias evangélicas, como la escena del prendimiento de Jesús en el huerto de Getsemaní (por ejemplo en Lucas 22, 44) y en general de la Pasión.

En el verso 324, «pedregales» tiene también un origen claramente bíblico: *stony places* aparece en varias ocasiones en la Biblia inglesa del rey Jacobo (la llamada Versión Autorizada de 1611), así como en el Salmo 141 o en el Evangelio de Mateo (13, 5), en la parábola del sembrador. La imagen contiene una idea de esterilidad que hay que vincular con la «basura pétrea» del verso 20.

vv. 331-359. Eliot consideraba ésta la mejor parte del poema, al menos así se lo dijo en una carta del 4 de octubre de 1923 a Ford Madox Ford: «En cuanto a los versos a los que me refiero [en una carta anterior del 14 de agosto del mismo año le había retado a encontrar los mejores de la obra], no hace falta que te rompas la cabeza. Son los treinta y nueve versos de la canción-goteo en la última parte», *The Letters of T. S. Eliot. Volume 2: 1923-1925*, Valerie Eliot y Hugh Haughton, eds., Faber & Faber, Londres, 2009, p. 240.

v. 357. El libro al que se refiere Eliot es concretamente *Handbook of Birds of Eastern North America* (*Manual de aves del noroeste de América*, D. Appleton, Nueva York, 1895) de Frank M. Chapman. Eliot, que es un poeta fundamentalmente urbano, prestó siempre mucha atención a las aves, que suelen tener una función muy específica en sus poemas. El zorzal vuelve a aparecer en *Burnt Norton* (1936), el primero de los *Cuatro cuartetos*, en unos versos que dicen «Shall we follow / The deception of the thrush?» («¿Debemos atender / el engaño del zorzal?»). Ese pájaro no tiene solo un canto que suena como un goteo, como dice Eliot en su nota, sino que tiene la habilidad de imitar el canto de otros pájaros, algo que probablemente no sea casual en un poeta que convoca tantas tradiciones en su propia poesía.

v. 359. En su nota introductoria a esta parte, Eliot nos remite a otro relato evangélico, el viaje a Emaús, según lo cuenta Lucas 24, 13-32, donde se narra la aparición de Jesús a sus discípulos tras comprobar que el cuerpo no está en el sepulcro.

v. 360. Muy ociosamente, Eliot comenta que la imagen podría haber surgido del relato de una de las expediciones de sir Ernest Shackleton (1874-1922), un explorador cuyo tercer intento de cruzar el Antártico a bordo del *Endurance* terminó en una odisea que les llevó a encallar en el hielo y a volver con sus hombres a pie durante dos años. Shackleton publicó el relato de la aventura: *South: The Story of Shackleton's Last Expedition, 1914-1917* (*La historia de la última expedición de Shackleton*, Londres, 1919).

vv. 367-377. Eliot dice en su nota haberse inspirado para estos versos en el libro de Hermann Hesse (1872-1962) *Blick ins Chaos: Drei Aufsätze* (*Vista del caos: tres ensayos*, Berna, 1920), del que Eliot cita un párrafo en alemán sobre la revolución rusa y el desmantelamiento del imperio austrohúngaro: «Ya está la mitad de Europa, ya está al menos la mitad de Europa oriental de camino al caos, avanza ebria en santa locura al filo del abismo y canta, canta ebria himnos como cantaba Dmitri Karamasoff. De estas canciones se ríe el ciudadano ofendido, el santo y el profeta las escuchan llorando».

v. 402. En su nota sobre las tres palabras en sánscrito que se suceden para albergar estos versos (da, compadece, controla), según la voz celestial del trueno, Eliot cita como referencia la traducción alemana de los *Upanishads* hecha por Paul Deussen: *Sechzig Upanishads des Veda (Sesenta Upanishads de los Vedas*; Leipzig, 1897).

v. 408. Eliot nos remite de nuevo a unos versos (vv. 154-158) de John Webster en *El diablo blanco*.

v. 412. Eliot nos remite una vez más a Dante, a unos versos del *Infierno* que hablan del conde Ugolino, que fue condenado a morir de hambre en una torre con sus cuatro hijos, que murieron primero, de modo que Ugolino se comió sus cadáveres. Los versos recuerdan el momento en que se cierra para siempre la torre, aunque Eliot adapta *chiavar* como «cerrar con llave»:

> *y oigo clavar la puerta de abajo*
> *en la horrible torre.*

Eliot también cita a F. H. Bradley (1846-1924), otra de las influencias dominantes en su juventud. Bradley es uno de los escasos filósofos idealistas británicos, seguidor en Inglaterra de Kant y Hegel. Tras su primer viaje a Europa, Eliot regresó a Harvard y estudió *Apariencia y realidad* (1913), donde encontró un camino espiritual, pues Bradley postulaba que la experiencia no tiene ninguna utilidad sin un punto de vista religioso.

Eliot leyó su tesis doctoral sobre Bradley en 1916, tesis que se publicó un año antes de su muerte: *Knowledge and Experience in the Philosophy of F. H. Bradley (Conocimiento y experiencia en la filosofía de F. H. Bradley*; Faber & Faber, Londres, 1964).

v. 417. Coriolano es el protagonista de la tragedia homónima de Shakespeare, escrita entre 1607 y 1608. Se trata de un general romano, que es desterrado de Roma y organiza un asedio a la ciudad. En «Hamlet y sus problemas» (1919), un ensayo temprano y recogido en *El bosque sagrado* (1921), Eliot aseguró que *Coriolano* era «el éxito artístico más seguro de Shakespeare».

v. 428. Como se explica en la nota sobre la dedicatoria a Pound, éstos son los versos que Dante inventa en lengua provenzal para hacer hablar al trovador Arnaut Daniel:

> *«Ahora os ruego, por aquella virtud*
> *que os lleva a lo alto de la escalera,*
> *que os acordéis a tiempo de mi dolor.»*
> *Luego se hundió en el fuego que les afina.*

Eliot, por cierto, publicó una recopilación de sus poemas con el título de *Ara vos prec* (The Ovid Press, Londres, 1920). Y la fijación por estos versos vuelve a salir en la sección IV de *Miércoles de ceniza* (1930).

v. 429. *Pervigilium Veneris* (*La vigilia de Venus*, s. IV?) es un poema latino atribuido a Tiberiano. Eliot cita de un pasaje que recrea el mito de Filomela (véase la nota a los versos 99-103). El verso que cita («Quando fiam uti chelidon, ut tacere desinam?») puede traducirse como («Cuando me transforme en golondrina, ¿dejaré de estar callado?»).

v. 430. Eliot remite al soneto «El desdichado» (1853), del poeta francés Gérard de Nerval (1808-1855), en concreto a sus primeros versos:

> *Je suis le ténebreux –le veuf–, l'inconsolé,*
> *Le Prince d'Aquitaine à la tour abolie.*

> *[Soy el tenebroso, el viudo, el inconsolable,*
> *el príncipe de Aquitania en su torre abolida.]*

v. 432. Eliot remite a *The Spanish Tragedy* (*La tragedia española*, 1592), una tragedia de venganza del dramaturgo isabelino Thomas Kyd (1557-1595), subtitulada *Hyeronimo is Mad Againe* (*Jerónimo está loco otra vez*). Jerónimo venga la muerte de su hijo escribiendo una obra en la que actúan los asesinos hablando en diferentes lenguas. El verso citado en el poema procede de un parlamento (IV, i, 67-71) en el que se habla de la futilidad de la poesía:

Why then, I'll fit you: say no more.
When I was Young, I gave my mind.
And plied myself to fruitless poetry;
Which though it profit the profesor naught,
Yet it is passing pleasing to the world.

Que podemos traducir como:

Bueno, os ayudaré. No se hable más.
Cuando era joven, me entregué
y me dediqué a la inútil poesía,
que aunque no da nada al profesional,
se aparece al mundo placentera.

v. 434. La frase bíblica a la que se refiere Eliot en su nota procede de la carta de san Pablo a los Filipenses, 4, 7: «Y la paz de Dios, que sobrepasa todo entendimiento, guardará vuestros corazones y vuestros pensamientos en Cristo Jesús».

EL CENTENARIO DE *LA TIERRA BALDÍA*

La mejor poesía siempre crea y descrea a un tiempo. El decir poético compone un tiempo paralelo al nuestro que abre otro mundo. En el origen siempre somos ese decir. Es imposible imaginarse una irrupción de la conciencia que no tenga un ritmo verbal o musical. La propia Naturaleza parece estar hecha para nosotros de un canto sucesivo que se ha ido complicando con el paso de las eras. Es la canción de nuestra especie. Aunque ya no somos conscientes de ello, la humanidad es un eco de ese magma que nos antecede y del que está hecho el lenguaje en su totalidad. La poesía guarda la memoria de todo lo que nos precede y que sigue vivo en nosotros, formándose aún, como una nebulosa que avanza creando su propia extinción. «Cada frase y cada oración es un final y un comienzo. / Cada poema un epitafio», dice Eliot en *Little Gidding*. «Every birth a crime, every sentence life», contesta Basil Bunting más tarde en *Briggflatts*. La traducción es también una forma de recordar esa propiedad del lenguaje, su origen inextinguible, su enigma una y otra vez presente. La poesía actúa contra el olvido de nuestra condición. La lente de la razón nos agranda hasta conferirnos una ilusión de pertenencia con respecto a todo lo que somos. Creemos hablar una lengua que incluso llega a confundirse a veces con el fetiche moderno de la identidad. Pero es el lenguaje el que nos habla, haciendo y deshaciendo el tránsito de las generaciones y los significados, mostrando la transformación, la metáfora como única morada de lo efímero. Somos criaturas abandonadas en la tormenta del lenguaje, bestias verbales.

Pero la poesía también descrea, se enfrenta al anquilosamiento de las lenguas, a la reducción del lenguaje a su mera función comunicativa. Muchos lingüistas han recordado la evidencia de que para comunicarnos tan solo necesitaríamos unas pocas palabras. El resto, desde el punto de vista pragmático, es pura chatarra, sobrante, detritus. Pero eso dice mucho acerca de nosotros. Cuanto más secuestrado está el lenguaje público, como ahora, en este siglo XXI, más necesidad tenemos de oír cómo la lengua se desata en la poesía, destruyendo nuestros dogmas, nuestros castillos ideológicos, la publicidad, burlándose de nuestros ridículos intentos de apropiación. «Speak again», le exige Lear a su hija pequeña cuando no ha oído lo que le gustaba, lo que se esperaba, la frase hecha, el tópico, la convención, la obsecuencia. «Habla otra vez». La negativa de Cordelia alumbra una nueva poesía que se genera en la destrucción del lenguaje oficial que ostenta el poder de dictar. A partir de ahí, ya todos hablamos en una lengua que no entendemos porque no somos capaces de moldearla ni de controlarla, sino que se nos revuelve y nos despoja de todas nuestras certezas y seguridades. Negándonos a «hablar otra vez» nos situamos en un espacio de peligro impredecible e incontrolable en el que experimentamos la verdadera libertad, que no es sino la inocencia. Como dice Hölderlin, «Denn sind nur reinen Herzens, / Wie Kinder, wir, sind schuldlos unsere Hände»: «Entonces somos solo corazones puros / como niños somos, inocentes nuestras manos».

En *La tierra baldía*, T. S. Eliot llevó hasta el extremo esa doble propiedad de la poesía para crear y descrear. Por una parte, ya desde el primer verso («April is the cruellest month»), el poeta atentó contra la prosodia heredada, contra la música victoriana que aún se dejaba oír en la poesía oficial de entonces. Pocos años antes de la publicación del poema, miles de adolescentes habían sido llevados a la muerte de las trincheras al son de versos patrióticos y campestres que sus padres les habían obligado a aprenderse de memoria. *La tierra baldía* recuerda aún a esos muertos y sigue denunciando la farsa por la que fueron sacrificados, eso que Wilfred Owen llamó «la vieja mentira»: *dulce et decorum est pro patria mori*. La inestabilidad verbal del poema, su desequilibro de significado –patente en las ráfagas de otras lenguas que lo atraviesan, en la indefinición de las voces que lo habitan, en la imposibilidad de detener las imágenes y prestarles un sentido unívoco–, surge precisamente como reclamo de libertad, como síntoma de una asfixia del estado público de la lengua. Y al mismo tiempo, *La tierra baldía* afirma la posibilidad de un canto negativo. Por primera vez, la poesía demostraba que ya no era viable la meditación subjetiva, la construcción de una voz determinada. Buena parte de la problemática que se despliega en el poema ya había sido explorada por Baudelaire, pero en *Las flores del mal* la voz que habla es aún una voz propia, asentada en una ilusión de personalidad. Eliot, en cambio, destruyó esa seguridad y dejó en evidencia la máscara moderna del yo, mostrando su reverso hueco, la historicidad rota de su discurso como esquirlas de un pasado que de pronto se ha vuelto irreconocible. «Con estos fragmentos he soportado mis ruinas».

La tierra baldía también propone una transgresión sexual. La poesía había sido hasta entonces el género en el que se había inventado el amor, el espacio dramático en el que se había creado, a lo largo de los siglos, la imagen de la mujer, la expresión del deseo, una herencia que determinó la relación entre los sexos y que creó el lenguaje erótico. En su poema, en cambio, Eliot hizo aparecer todo aquello que la poesía había escondido a través de la sublimación. La sordidez, la incomunicación, el trauma de los cuerpos, la sexualidad frustrada, la esterilidad o el aborto irrumpieron en la poesía para transformar el lenguaje y la concepción del género sexual. Tiresias se postula ahí como símbolo irónico de una sexualidad alterada, ilocalizable. En la tercera parte, «Una partida de ajedrez», la voz de la mujer es externa y física, somática, mientras que la del hombre es interior y fría, psíquica. Luego, en la conversación entre las dos mujeres en el pub, todo queda devorado por la trivialidad. Los versos finales («Good night, ladies, good night, sweet ladies, good night, good night») evocan las últimas palabras de Ofelia antes de su suicidio. Ofelia es, en *Hamlet*, la última *donna angelicata* de las comedias de Shakespeare, una posibilidad de afirmación y alumbramiento que se sacrifica en las tragedias, ámbito de la muerte y la infecundidad. Con un instinto poético infalible, Eliot hace aparecer a Ofelia para despedir una forma de representación de lo femenino que se ha vuelto inoperante y caduca.

Por último, *La tierra baldía* encierra también el ansia de una nueva espiritualidad. Destruida la posibilidad de salvación cristiana, ultraterrena, Eliot, en la quinta y última parte, hace resonar el trueno de una revelación religiosa suspendida, heterodoxa, sin filiación política ni ideológica. Se trata, por cierto, del mismo trueno que oyen Leopold Bloom y Stephen Dedalus en el capítulo de la maternidad del *Ulises*, la novela que determinó el rumbo del poema, invirtiendo el sentido de una influencia secular. También Joyce buscaba entonces una inmanencia trascendente para sus personajes. «God is a shout in the street». Dios no es la escisión ontológica creada por el monoteísmo, sino un grito en la calle. Veinte años más tarde, Eliot evolucionará hacia una espiritualidad ortodoxa y un matrimonio feliz, pero en *La tierra baldía* la esterilidad y la infelicidad conyugal son indisociables de la fragmentación religiosa con la que también se manifiesta el pasado. En los *Cuatro cuartetos* (1943) la ortodoxia conduce a la formulación de una espiritualidad ecuménica que no es sino el reencuentro legalizado con la universalidad que ya se experimenta al final de *La tierra baldía*. La descreación habrá redundado en creación.

Cien años después, en una época de inestabilidad y revuelta de los significados y las identidades, *La tierra baldía* conoce una inesperada actualización que confiere al poema la responsabilidad de problematizar las fracturas que hoy se viven y se expresan en el orden de la banalidad. El erial en el que estalló su protesta vuelve a ser el nuestro, aunque ahora «las palabras del año próximo otra voz aguarden» porque «crear un final supone también crear un comienzo».

A. J.

ÍNDICE

PRUFROCK
Y OTRAS OBSERVACIONES

LA TIERRA BALDÍA

Este libro
acabó de imprimirse
en Madrid
en febrero de 2022

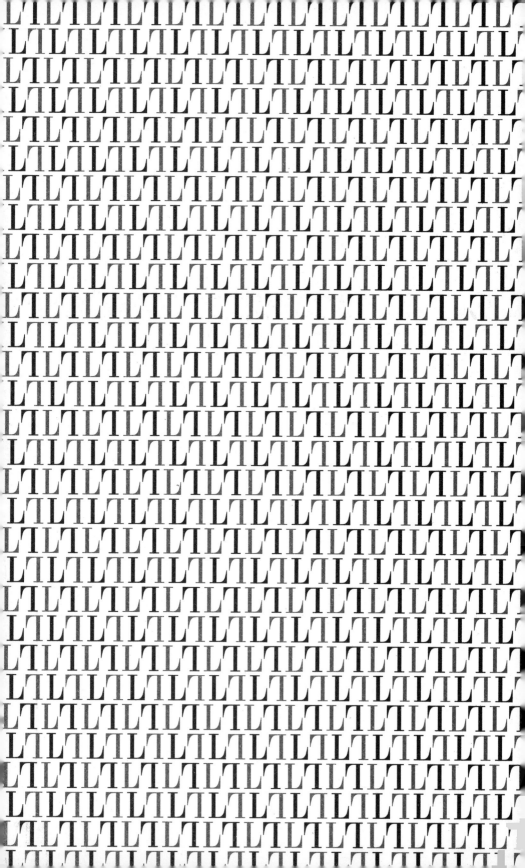